Esther Dischereit
Mit Eichmann an der Börse

Esther Dischereit

Mit Eichmann an der Börse

In jüdischen und
anderen Angelegenheiten

ULLSTEIN

BERLIN

© Fotos by noel tovia matoff mit freundlicher Genehmigung der
Allgemeinen Jüdischen Wochenzeitung

Der Ullstein Berlin Verlag ist ein Unternehmen
der Econ Ullstein List Verlag GmbH & Co. KG

ISBN 3-89834-031-7
© 2001 by Econ Ullstein List Verlag GmbH & Co. KG, München
Das Buch erscheint im Ullstein Berlin Verlag
Alle Rechte vorbehalten. Printed in Germany
Lektorat: Krista Maria Schädlich
Satz: Pinkuin Satz und Datentechnik, Berlin
Gesetzt aus Garamond
Druck und Bindung: Claussen und Bosse, Leck

Inhalt

Ein Tag. Oder ein Tag   7

Mit Eichmann an der Börse   14

Ich bekenne nicht   21

Denkender weiblicher Torso   28

Danket dem Herrn   46

1939   57

1939   60

»Aimée und Jaguar«   62

Auguststraße 14/16   73

M. Walser   79

Der kubistische Blick. Wer schreibt eigentlich,
wenn ich schreibe?   85

Ich verzeihe der türkischen Familie   104

Über F. C. Delius *Die Flatterzunge*   107

Zu Österreich und Jörg Haider   110

Die beschlossene Erinnerung. Zahltag   115

Unbetiteltes Stück   130

In Memoriam   131

Aschenbecher und Radio 101,9   134

Gelebte Zeit und aufgeschriebene Zeit   144

Hinweise   166

Anmerkungen   168

Ein Tag. Oder ein Tag

Ich überlege, ob es heißen soll: ein jüdischer Tag. Eigentlich kann es das nicht geben. Die Zeit »Tag« ist weder feminin noch jüdisch, auch nicht afrodeutsch. Andererseits gibt es Tage, die jüdischer sind als andere. Das hat mit allen möglichen Umständen zu tun. Tage, die sozusagen hinter dem Rücken der Akteure so und so werden. Wie es auch Tage gibt, an denen man wahrscheinlich überwiegend als Mutter gelebt hat. Um solch einen unpassenden Vergleich zu wählen.

Wie es kam, daß der Tag jüdische Gestalt annahm?

Mir hat an diesem Tag wieder jemand am Telefon gesagt, er wolle jetzt das Positive am Judentum vermitteln. Der Schrecken müsse aufhören. Die Studenten haben im Ausland erfahren, wie die Riten eigentlich praktiziert werden – in einer Gastfamilie. Er hat die Klezmer-Gruppe eingeladen. Ich komme mir überflüssig vor, ziemlich. Ich weiß auch nicht, wie die Riten praktiziert werden und wo das Positive im Judentum ist. Daß es das gibt, darüber besteht kein Zweifel. Ich glaube fest daran, daß ich mit einer guten Ethik auf die Welt gekommen bin. Das glaube ich schon. Irgendwas muß man ja glauben. Ungefähr so: wer immer Gast in unserem Hause ist, mit dem teile das Brot. Und wenn das Brot nicht reicht? Dann auch.

Das klingt ein bißchen pathetisch im sozialen Wohnungsbau. Außerdem war nie jemand da in unserem Haus. Seitdem esse ich manchmal hinter dem Rücken der Familie etwas auf, möglichst etwas Kostbares. Das kommt nicht häufig vor, dieser Anfall, aber gelegentlich doch. Wenn sich der Todestag meiner Mutter nähert, weiß ich nicht genau, ist es jetzt wie Jom Kippur oder ist es so wie bei Allerseelen, denn nur diese Kerzen brennen die ganze Nacht so, daß man sie unbewacht stehenlassen kann oder ist es nur so bei mir, bei uns, weil sie es so gehalten hat bei ihrer Mutter.

In den letzten Jahren habe ich angefangen, Juden zu suchen. Ja, ich suche Juden. Ich gehe fragen, was mache ich da? Was backe ich, muß ich vormittags oder nachmittags in die Synagoge gehen? – Vom vielen Fragen habe ich mich meist schon derart erschöpft, daß die Handlungen nurmehr ideell stattfinden. Aber immerhin. Sie sehen, mir fehlt die Leichtigkeit, mit der einem diese Dinge von der Hand gehen sollten. Die Freude an den Festen erkämpfe ich mir mühsam, denn ich bin deutsch, und als ich Kind war, gab es keinen Ort, an dem es so etwas zu sehen gegeben hätte.

Um mich herum wissen alle besser Bescheid als ich. Ich gebe auch zu, daß ich die Dinge hätte ernsthafter betreiben können. Manch einer, der in Wirklichkeit nur einen jüdischen Großvater hat, hat sich dagegen eine hervorragende jüdische Tagesverfassung erarbeitet.

Ich bin gewissermaßen ein wenig schadhaft geblieben bei dem Versuch, mir mitzuteilen, daß doch da mehr ist als die Shoa. Ich klebe fest, bin sozusagen ein Sekundärphänomen.

In der letzten Zeit kaufe ich häufig Hackepeter, viel mehr als früher, als ich mich weniger für meine Jüdischkeit interessierte. Zum Eisbein meiner Mutter habe ich es allerdings noch nicht gebracht. Mutet an wie verspätete Pubertät.

Ich kenne einen, der sagt immer, ohne Religion ist das Judentum nichts. Ja ja, so bin ich denn nichts? Und der? Der überläßt seine Kinder der gojischen Frau. Brauch ich mich auch nicht zu verstecken. Eine jüdische Gruppe hat nie wieder mit mir gesprochen, nachdem ich in der Nacht nach der Besetzung des Börneplatzes, des früheren Ghettos der Juden in Frankfurt am Main, im chinesischen Restaurant »sweet and sour pork« bestellte. Wahrscheinlich war ich verkappt und überhaupt, wer weiß das schon. Synagogal abgehängt mit preußischem Nachnamen. Ach ja. Und in Israel. Nie gewesen. Ogott ogott. Leider komme ich mit diesen Verneinungen meiner Identität auch nicht näher außer mit dem hilflosen, fast trotzigen Bemerken: eigentlich weiß ich nur, daß ich es bin: jüdisch eben. Heute Morgen hat meine überlebende Schwester angerufen, und zum ersten Mal, seit ich mich erinnern kann, in meiner Gegenwart das Wort »Auschwitz« ausgesprochen. Es hat mir aus ihrem Mund geklungen wie ein unanständiges Wort. Sie hat mich hilflos und irgendwie schamhaft gefragt, ob die Meldefrist für die Anrechte an in die Schweiz transferierte Vermögen abgelaufen sei. Sie weiß nicht, wie sie das machen soll. Sie hat noch nie so etwas gemacht. Sie wagt den Namen des Onkels, dessen Erbin sie wäre, weil es die anderen auch nicht mehr gibt, nur schwach auszusprechen. Sagt immer: »verschollen«. Wir wissen beide.

Wie soll sie beweisen, daß sie anspruchsberechtigt ist. Sie sucht schon lange nach ihren Papieren. In irgendeiner braunen Ledermappe sollen sie sein, die bei einem ihrer zahlreichen Umzüge vielleicht liegengeblieben ist. Sie erzählt mir zum ersten Mal, daß sie im Jüdischen Krankenhaus in Berlin geboren ist. Mich beunruhigt diese Mitteilung. Die Witwe Liebermann wurde dorthin gebracht, als sie vor dem Abtransport Veronal genommen hatte. Und überhaupt, die anderen alle. Bei uns hat es noch viele Jahre danach ein Mittel zu Hause gegeben. Für alle Fälle, daß es wer brauchen müßte. Ich wußte, daß es noch immer da war. Und das war beängstigend, denn später gab es doch auch anderen Kummer und immer noch war das Mittel da.

Dabei hatte ich mir fest vorgenommen, vom Positiven zu sprechen. Als ich das erste Mal das Bonbon-Fest erlebte, war ich schockiert. Wie kann man die Synagoge zum Rummelplatz machen wie bei einem Karnevalsumzug! Später habe ich verstanden. Ich habe verstanden. Alle, die da standen, wollten unbedingt geben. Geben, geben. Wann konnte man schon geben? Und so wird im Übermaß gegeben und den Kindern ist es recht und mir ist es jetzt auch recht. Nur kann ich die Thora immer noch nicht küssen, kann ich nicht, küsse auch sonst nur meinen Geliebten oder das Kind.

Vielleicht soll ich auch einmal einen Auslandsaufenthalt anstreben in einer jüdischen Gastfamilie, damit ich den Deutschen ein richtiger Jude sein kann und mir natürlich.

Ich hab derzeit ein Eheproblem. Nun, das haben viele. Aber meines ist besonders. Ich kann nicht verlassen werden. Es geht nicht, es geht nie mehr. Ich wurde schon verlassen … und ich kann nichts. Machen Sie die Shoa dafür verantwortlich, daß Sie immer noch nichts aus sich gemacht haben? Ja, mach ich … Mach ich. Bin nicht auf die Füße gefallen wie Ignatz Bubis, hab ihn selig, oder darf man das im Judentum nicht sagen, und Josef, wie hieß er noch, der auf dem Lerchesberg in Frankfurt am Main sitzt mit den Gittern, die sich nicht öffnen; nein, bin ich nicht. Und darf ich doch – oder? Eigentlich wird zu den Feierlichkeiten in der Stadt eher ein Jude gesucht, der auch so aussieht; ein Rabbiner möglichst, am besten ein orthodoxer. Ich habe genug von der Orthodoxie, das kann ich Ihnen sagen. Soll eine Frau Rabbinerin sein? Oder darf ich mich mal in die Mitte der Synagoge setzen? Soll ich für die angepaßte Jüdischkeit die bürgerliche Befreiung hingeben … das könnt Ihr nicht verlangen, schon gar nicht von Frauen, die Königin Esther waren.

Gott sei Dank bringen die evangelischen Religionslehrerinnen den jüdischen Kindern auch ein bißchen Judentum bei; den anderen natürlich auch. Mehr als über den Islam, obwohl eigentlich da in jeder Klasse mindestens jemand ist. Das nimmt natürlich in der Höheren Schule dann ab. Aber zumindest doch in den Grundschulklassen. Da staunen die Eltern nicht schlecht, wie da erklärt wird, daß Jesus Jude war. Ich ducke mich dann, als hätte ich gesagt, ich auch.

Aber so konkret sollte es sicher nicht sein, und dann hätte ich wieder diese Fragen nach meinen Festen und sonstigen Riten beantworten müssen und nicht zugegeben, daß mein Kind das Messer ableckt, wenn Marmelade daran ist. Ich kaufe übrigens seit einiger Zeit einmal im Jahr Matzemehl. Doch, kaufe ich. Ich gucke es dann an und nähre mich von der Aussicht, ich hätte es zu Matzeklößchen geformt und wir hätten es gegessen und dabei festlich um den Tisch gesessen. Ich habe Zeit, ich habe noch Zeit. Ich kann diese Klößchen noch kochen, wenn nicht in diesem, dann im nächsten Jahr. So ist es doch.

Die Leute sagen, sie mögen meinen anklagenden Ton nicht. Ich auch nicht. Es stimmt schon, ich klage immer noch, obwohl doch die meisten schon unter der Erde sind. Und ich klage auch an, ja, will ich auch. Ist mir egal, ob sich wer damit wie auseinandersetzt. Dann mag ich trotzdem nicht in dem Zugabteil bei den alten Leuten sitzen, die in Rumänien waren, als Galatz noch mehr als dreizehntausend Juden zählte. Die Frauen bekamen zu Hause die Post darüber, daß ihre Männer in der freien Zeit mit den schwarzen Truppen Fußball spielten. Ich setze mich zu dem alten Mann, der zu den 3693 gehört, die übriggeblieben sind und in seiner Familie der einzige ist. Er ist so alt und freundlich und redet sein Jiddisch, als müßt ich ihn verstehen. Die anderen verstehen ihn auch – alle. Aber als ich ihm sage, wie schön sein Jiddisch ist, da rücken sie ab. In eben jenem Zugabteil. Die freundlichen Gespräche ersterben. Er erzählt, laut und ohne daß ich gefragt hätte. Er verbirgt nichts und senkt auch seine

Stimme nicht, dafür war er wohl zu lange nackt gewesen. Wenn ich jetzt die anderen alten Herrschaften frage, wo sie zur gleichen Zeit gewesen sind … Die meisten der freundlichen alten Leute schauen jetzt den vorüberfliegenden Telefonmasten nach, hören nichts von dem Jiddisch, das sie verstehen würden.

Daß der Papa des Kindes ein Goj ist, sagt tröstend der alte Mann, das mache doch nichts, wirklich nichts. Das sei doch voll anerkannt. Ja, sage ich, danke, ich weiß.

Bei der Beerdigung der Mutter meiner Freundin ist der alte Stasi-Beauftragte aufgetaucht, hat sich unter die Trauernden eingereiht. Während er ihre Post geöffnet hat und sie ein Jahr später aus dem Gefängnis in den Westen entlassen wurde, hat er nachgefragt, was denn mit dem Grundstück später mal werde. Hätte doch keinen Sinn. Sie solle verzichten. Eiserne Mauer, dachte er. Sie hat kaltschnäuzig nein gesagt, und man wisse ja nie. Tatsache, die Mauer ging auf. Ich kenne den Mann nicht. Ich mag nicht neben ihm sitzen, der jetzt ihren Beerdigungskuchen ißt. Ich frage, ob ich jetzt die Auswahl habe, neben einem alten Nazi oder einem Stasi zu sitzen oder beides. So ist es doch mit dieser Generation, wenn wir bei der Wahrheit bleiben.

Der Pfarrer sagt: Und wenn er es wenigstens bearbeitet hätte. Ach, ist mir gleich. Möcht dann trotzdem nicht neben ihm sitzen. Das ist doch nicht zuviel verlangt, daß ich nicht neben dem sitzen muß.

Mir ist es übrigens aufgefallen, daß ich nie nach Israel mitgenommen werde. Ich weiß nicht warum. Obwohl meine Bücher alle zum Thema gehören. Bei mir spielen keine Jüdinnen in blonden Täterkind-Haaren und nehmen dann Anteil. Ich habe auch nicht besonders Israelis gegenüber das Bedürfnis zu erklären, warum Ramstein gut sei.

Vielleicht denken die Verständigungsveranstalter, daß ich ihre Anliegen nicht verstehe. Oder ich passe als Jüdin einfach nicht in die deutsche Delegation, oder werden da in Zukunft auch türkische Deutsche mitgenommen? Wohl kaum.

Ich sollte jetzt aufhören, sonst geht das endlos so weiter. Werde die Sache mit den Matzeklößchen bearbeiten. Dann wasche ich meine klebrigen Hände und lasse das Ganze zehn Minuten lang ziehen, oder zwanzig. Ich weiß nicht. Ich werde nachlesen, auf der Packung steht Holländisch. Wenn sie gelungen sind, rufe ich meine Freundin an. Falls ich sie in diesem Jahr mache.

Mit Eichmann an der Börse

Rose Rosenberg war eine Frau mittleren Alters. Ihr volles, noch blauschwarzes Haar trug sie aus dem Gesicht nach hinten weggestrichen. Ein Wirbel am Haaransatz über der Stirn ließ eine natürliche Welle entstehen, so daß das Haar niemals streng anlag. In diese Welle hinein ließ Frau Rosenberg hin und wieder einen weißen Strich einfärben oder eine andere Tönung, meistens jedoch weiß. Sie sagte, es sei besser, die Strähne weiß einzufärben, damit man sich an die Zeit gewöhnen könne, wenn ihr Haar ganz und gar silbrig durchzogen sein würde. Einmal hatte sie sich die in Mode gekommene Dauerwelle machen lassen und sie dann für alle Zeit abgelehnt. Sie hat sie wohl als vulgär angesehen oder arisch, das weiß man nicht so genau. Auch Mirele wußte das nicht so recht, mit der sie zusammenlebte. Sie hätte gerne Zöpfe getragen, aber das kam für Rose Rosenberg nicht in Frage. Mirele war ein Nachkömmling, eine Hinterlassenschaft aus einer zweiten Ehe, einer, die nach dem Krieg geschlossen war. Ja, so zählte man damals, vor dem Krieg, nach dem Krieg oder währenddessen. Für alle diese Zustände machte man sich seine eigenen Gedanken, die dem Mirele jedenfalls nicht deutlich wurden. Sie hatte nur so viel verstanden, daß sie vor oder während des Krieges niemals als Tochter von Frau Rosenberg vorstellbar gewesen wäre. Jedenfalls nicht für Frau Rosenberg. Denn Frau Rosenberg war eine Jüdin und Mirele war aus ihrer späteren Verbindung mit einem arischen Mann hervorgegangen, also danach. Ja, arisch muß man wohl sagen. Trotz der anderen Verhältnisse hatten die Begriffe sich eine Zeitlang hinübergerettet in die Zeiten, für die sie nicht passen sollten, aber die Begriffe weigern sich manchmal zu gehen; sie verlassen die Menschen nicht, denen sie angehört hatten. Sie sind gewissermaßen treu und so gingen die früheren Wörter Mirele in die andere Zeit nach. Sie nahmen keine Rücksicht darauf, daß Mirele die Zeiten ihrer vollen Wirksamkeit nicht kannte. Und ihr weh taten.

Diese Ehe war nach magischen neun Jahren in die Brüche gegangen und Frau Rosenberg hat sich dann mit Mirele in eine andere Stadt zurückgezogen. Mirele muß noch ziemlich jung gewesen sein. Denn sie erinnerte sich nicht mehr an Umzüge und nur wenig an einen Vater.

An den Morgen erwachte Frau Rosenberg häufig mit Migräne und an den Abenden nach der Gallen-Kolik ging sie zu Bett. Dazwischen lagen einige Minuten Herzschmerzen, die sie mit einem braunen Arzneimittel-Fläschchen bekämpfte, das sie in einem weiß gestrichenen Küchenschrank aufbewahrte. Obendrauf stapelten sich Tageszeitungen, für die sie ein paar Pfennige bekam, wenn sie sie sammelte. Rose Rosenberg legte sich mittags hin, um den Nachtschlaf aufzuholen, und dann ging Mirele, ihre Tochter, auf Zehenspitzen herum, um die Sache mit dem Haferbrei zu erledigen. Sie sagte, sie würde abwaschen und spülte im gurgelnden Abwassergeräusch den Brei fort. Wenn es nichts abzuwaschen gab als nur diesen Teller, pflegte ihre Mutter zu sagen, das lohnt sich jetzt nicht. Schließlich versteckte Mirele den Teller mit Haferbrei hinter dem Zeitungsstapel.

Danach gingen Frau Rosenberg und Mirele meistens aus dem Haus, denn Frau Rosenberg hatte einen Gang zu erledigen und ging ungern alleine fort. Ihre schnellen

Schritte führten sie als erstes zu einer Bank, deren dunkelgraue Anschlagtafeln mit weißen Zahlenreihen gespickt waren. Mirele langweilte sich, Frau Rosenberg bewegte die Lippen. Mirele wußte nicht, was Börsenkurse waren, schon gar nicht, in welcher Beziehung diese zu der ältesten Schwester Hanne standen. Daß es da aber eine Beziehung gab, war jedenfalls sicher.

Frau Rosenberg sorgte für sich, die Schwester und eben Mirele. Statt einer Kriegsopferrente bezog sie etwas, das Wiedergutmachung hieß und worüber nicht oder nur in gedämpftem Ton gesprochen wurde, in Anwesenheit unbekannter Personen überhaupt nie. Das hatte Mirele in der Schule schon in Verlegenheit gebracht, weil man da zu Beginn des Schuljahres die Berufe der Eltern angeben mußte, regelmäßig auch wenn ein neuer Lehrer kam. Das war übrigens keine Seltenheit, denn die Alliierten erlaubten den NSDAP-Leuten wieder in den öffentlichen Dienst einzutreten, was diese dann auch massenhaft und dankbar taten. In alphabetischer Reihenfolge also wurde öffentlich die Liste der Schüler durchgefragt. Vater, was? Nächster.

Sie konnte nicht gut unter Beruf »Wiedergutgemachte« angeben, bis sie es wagte – ihre Mutter regte sich immer sehr auf, wenn von solchen Dingen die Rede war und das Fläschchen wurde dann gebraucht –, bis sie es also wagte, von der Sache zu erzählen, und ihr Frau Rosenberg das Wort »Hausfrau« sagte.

Jedenfalls also lebte Rose Rosenberg von der Wiedergutmachung und Mirele aß auch ein bißchen davon mit, obwohl ihr das eigentlich nicht zustand.

Weil aber die Wiedergutmachung nicht ausreichte, um die ältere Tochter, die in Rom studieren sollte, zu besuchen, wurde die Wiedergutmachung in Mannesmann, Degussa, Neckermann und Gute Hoffnungshütte und ähnliche Wörter verwandelt. Ausland ist immer gut, sagte Frau Rosenberg, weil kein normaler Mensch verstand, daß sie zu Hause saß und sich grämte wegen ihrer älteren Tochter, weil die ja auch in Frankfurt oder Berlin oder woanders in Deutschland hätte studieren können. Und dann näher bei der Mutter gewesen wäre. Oder? Hätte sie da nicht studieren können?

Mirele verstand davon nur so viel, daß sie in mageren Zeiten dann täglich Milchreis mit Zucker und Zimt aßen oder Reis mit Tomatensoße oder Tomatensoße mit Reis; in anderen packten sie ihre Koffer und fuhren nach Italien, immer knapp im Rennen mit steigenden oder fallenden Veba und so weiter.

Rose Rosenberg hatte einmal vor einigen Jahren, vielleicht auch Jahrzehnten hinter einem Bar-Tresen in Berlin gestanden, als die Tür aufging und Eichmann einen Drink bestellte. Rose Rosenberg wartete nicht, ob er Gefallen an ihr finden würde und benutzte den hinteren Ausgang. Sie ist lange und weit damals gerannt und hat dann später zur Erinnerung an Eichmann die Herztropfen in den Küchenschrank gestellt.

Wenn sie mit ihrem Schritt, mit dem Mirele schwer mithalten konnte, zu den Kursen lief, dachte sie manchmal daran, wie ihr die Luft weggeblieben war, und sie lief dann noch schneller.

Mirele freute sich nicht auf die Besuche in Italien. Obwohl sie dann sah, wie sich das Gesicht ihrer Mutter glättete und die Haarsträhnen schwärzer und schöner nach hinten weggekämmt waren. Ihre Mutter legte Rouge auf Wangen und Mund auf. Unter diesen Glücksmomenten war es, als würde Mirele verschwinden, als sei sie genau genommen gar nicht da. Das ging so zwei bis drei Wochen lang, bis sie den Zug zurück bestiegen und sich die Sorgen wieder in die Stirn von Rose Rosenberg gruben, und sie nach Mireles Hand faßte. Diese Unternehmen hatten damit zu tun, daß Eichmann Mireles ältere Schwester Hanne hatte holen wollen. Wenn man so sagt, sei artig, sonst kommt dich der Teufel holen, so war er bei

Hanne leibhaftig erschienen. Rose Rosenberg hatte die Hanne, die damals noch klein gewesen war, in einem großen Kleiderschrank bei einem Krämersehepaar – Gott hab sie selig – zusammengefaltet wie ein Kleid, bis Eichmann keine Kinder mehr holte. Später war Hanne zerknittert herausgekommen und hat Rose Rosenberg vorwurfsvoll angesehen. Seit dieser Sache war Frau Rosenberg unruhig geblieben. Sie stellte sich vor, daß der Eichmann die Hände ausstreckt und sie schlüge ihm drauf. Deshalb wollte sie immer in der Nähe von Hanne sein oder dachte daran, in ihre Nähe zu kommen. Denn wie die Dinge so lagen, lebte sie weit weg von Hanne mit Mirele in dieser Provinzstadt, was wieder eine andere Geschichte ist, und bestieg immerzu die Eisenbahn oder hatte den Gedanken, daß sie es tun würde. Rose Rosenberg spielte also wegen Eichmann an den Aktienmärkten und nahm ihn dann mit nach Italien.

Wer jemals eine Wiedergutmachungsrente bekommen hat, weiß, was es bedeutet, aus einer Wiedergutmachungsrente und einem Börsenkurs einen Fahrschein zu machen, genau genommen zwei. Denn Mirele mußte ja mitfahren. Und zwar einen Fahrschein bis nach Italien und das, obwohl sie noch nicht einmal in Auschwitz gewesen war, was sich deprimierend auf die Rente auswirkte.

Als eines Tages die Zeitungen abgeholt wurden, griff Rose Rosenberg mit beiden Händen in den Stapel und trug, was sie fassen konnte, vor die Tür, wo ein Mann mit einem offenen Lieferwagen und ohne Zähne im Mund nickte und mit rissigen Händen das Papier auf die Ladefläche warf. Der Stapel war so sehr geschrumpft, daß Rose Rosenberg sehr enttäuscht war über ihre Tochter. Ihr Blick richtete sich nach innen und verlor sich in etwas Traurigem. Mirele sagte nicht, daß er zusammengepappt war oder versalzen. Sie würde den Haferbrei aufessen. Und keinen Teller mehr hinter dem Stapel verbergen.

Mirele begann sich zu wünschen, daß sie auch wegen

Eichmann im Kleiderschrank gelegen hätte. Dann hätte sich ihre Mutter gewünscht, immer bei ihr zu bleiben und das wäre doch auch schön. Da ihr dieses Problem niemand lösen konnte, beschloß sie, da doch alle Wege zu Eichmann und nach Italien führten, dorthin wegzureisen, und packte heimlich einen Rucksack. Wenn sie bei der Schwester wohnen würde, würde die Mutter auch zu ihr kommen wollen, dann wäre die Richtung dieselbe, und es würde etwas von der Schwester auf sie abfallen. Als Rose Rosenberg Mireles Tasche im Kleiderschrank verborgen fand, wurde sie wieder traurig und legte sich mit den stechenden Schmerzen im Kopf zu Bett. Es stand ein Schweigen in der Wohnung, vor dem sich Mirele mehr fürchtete als vor Schlägen. Eine der letzten Erinnerungen an ihren Vater.

Ein anderes Mal hängte sich Mirele an ihren Schürzenbändeln am Pfosten der Stockbetten auf, in denen Mutter und Tochter schliefen. Sie ritzte sich mit einem Messer das Handgelenk auf. Nicht längs, wo die Pulsader entlang lief, sondern quer. Was sollte Mirele tun? Sie würde den Haferbrei essen müssen, war nicht nach Italien gereist, und das mit dem Eichmann war irgendwie auch keine Aussicht. Daß sie es fertiggebracht hatte, so etwas zu denken, war irgendwie so ähnlich, als hätte sie aus dem Portemonnaie der Mutter gestohlen oder statt einer Eiskugel mehrere verlangt. Es war wie eine Sünde. Mirele war nicht ganz klar, was eine Sünde ist, aber da sie auf Wunsch von Frau Rosenberg den christlichen Religionsunterricht besuchte, ahnte sie deren Bedeutung. Sie fühlte sich schlecht und undankbar.

Im Abstand eines halben Jahres brachte Mirele Zeugnisse nach Hause. Für einen Moment wurde das Gesicht der Mutter hell, die Stirn schien sich zu glätten. Als Mirele das bemerkte, begann sie sich ganz auf die Sache mit der Schule zu verlegen. Das hatte mehr Aussicht auf Erfolg als die Börsenkurse, die sie nicht beeinflussen konnte oder Eichmann, der irgendwo draußen herumlief, aber keine Kinder mehr bedrohte, und war besser als eine heimliche Reise nach Italien. Wegen der Kosten war ihr auch noch nichts eingefallen. Andererseits mochte sie nicht ein schlechtes gojisches Kind bleiben. Und – was weiter? Nichts weiter. Sie wurde wegen Eichmann eine außerordentlich gute Schülerin und hatte später als Frau auch keine Probleme mit den Aktien.

Und wie im Märchen endet diese Geschichte »Wenn sie nicht gestorben sind, so leben sie noch heute.« Wer denn noch heute lebt? Alle: Mirele, Rose Rosenberg, die Schwester Hanne, Eichmann – und die Börse natürlich.

Ich bekenne nicht

Der Bekenntnisdruck auf mich hat in den letzten Jahren zugenommen. Langsam, im Laufe der Zeit erst bin ich dahintergekommen, worum es sich handelt. Klärung verschaffte mir eine bekennende Christin und Lutheranerin. Sie erklärte fast fünfzig Jahre danach, wie ein französischer Kriegsgefangener und eine arisch-deutsche Gärtnerin es »zusammen getrieben hatten« und meinte, sie sei der Sprache Luthers so außerordentlich nahe. Vielleicht. Luther hat sich mit den Nazis nicht schlecht vertragen. In ihrem Geist war der sexuelle Verkehr zwischen einem Kriegsgefangenen und einer Angehörigen der freien Herrenrasse auf jeden Fall unmoralisch, und sie beschrieb den Vorgang mit Abscheu.

Die Lutheranerin jedenfalls lobte mich, da es sich ja um einen nachfolgenden Versöhnungsjahrgang handelte, ob eines öffentlich von mir selbst literarisch ausgesprochenen Judentums. Sie sah darin eine Hinwendung zum Bekenntnis, an dem es nun bedauerlicherweise bei ihren bekannten jüdischen Freunden gemangelt habe.

Ich, sagte sie zu mir, ich habe *wenigstens* zugegeben, daß ich jüdisch bin. Sie teilte auf diese Weise mit, daß sie Juden zu Freunden hatte. Das ist ein häufig auftretendes Entlastungsritual, das offenbar noch aus der Persilschein-Ära stammt; sie gab auch deren vorgeblich geheuchelte Haltung zum besten, da jene Freunde sich nicht unterstanden zu erklären, daß ihnen ihr Judentum nichts weiter bedeute. Ich dagegen würde mich wenigstens bekennen, »das fände sie gut«. Dieses Lob hat mich tief, fast schneidend getroffen und umgehend sah ich mich genötigt, das Bekennen zu verneinen.

Welchen Lebens hätten sich diese unjüdischen jüdischen »Freunde« zu vergewissern, das sie verleugnet oder verdrängt hätten? Welche Kindheitsszenen sollten es sein? Als Mama ihnen über den Kopf strich und in einem Laden an der Ecke für ein paar Pfennige der Deckel des Bonbon-Glases geöffnet wurde?

Wenn ich die Gedanken der Dame zu Ende führe, besagen sie doch, besser, ein Jude, der sich bekennt, als einer, der es heimlich ist, sodaß man nicht wisse, woran man sei und schließlich und endlich nur durch Enttarnung dieser Zustand zu ermitteln sei. Diese Aufgabe hatten ja die Nazis mit Akribie übernommen, verkappte Juden zu enttarnen, welche, die keine waren, geradezu genetisch rassisch zu überführen und das Jude-Sein überhaupt als Eigenschaft zu behaupten, die einer öffentlichen Transparenz bedürfe. Da schwingt es mit, wie sich denn die jüdische Figur hinter dem Intellektuellen, der femme fatale, dem Geldsack, dem Journalisten und entarteten Künstler verstecke. Diese Angst des »arischen« Menschen vor dem unsichtbaren Juden; vor einem, der die Abgründe seines Handelns kaschieren kann, weil er denn nichts über seinen Zustand wisse gleich einer heimtückischen Krankheit.

Seit die meisten Juden nicht mehr Jiddisch sprechen, andererseits auch nicht alle als ordentliche Staatsbürger Israels identifizierbar sind, überdies noch von einigen zu hören ist, daß ihnen die Religion nichts bedeute, seitdem also ist es ihr, der Lutheranerin, lieber, jemand sagt frank und frei, daß er es ist. Würde sie sonst leider die Person enttarnen müssen? Würde es nicht gesagt, bliebe der Dame freilich nichts anderes übrig, als offenzumachen, was freiwillig nicht bekannt wurde? Wen außer den Anti-

semiten interessierte das Offenmachen eigentlich ... war das eine versteckte Drohung, offenzumachen oder eine Verachtung für die Kreaturen, die leugneten oder vorgaben, keine Juden zu sein? Das alles brachte mich natürlich augenblicklich in die Situation, jedwedes Bekenntnis, falls ich denn eines abgegeben hätte, zurückzunehmen.

Ich wollte nicht bei dieser Mehrheit, für die die Christin stand, »dazugehören«, indem ich den Christen eine anständige Jüdin bin.

Das Bekennen scheint mir ein zutiefst christliches Gebot zu sein. Etwas sein oder werden, was ansonsten nicht hervortritt ...

Der Mensch als Jude bleibt vor seinem Gott, wenn ich nicht alles falsch verstanden habe, der, der er ist, als guter und schlechter, als armer und reicher. Es fehlt hier der pädagogische Grundgedanke von der Um-Erziehbarkeit der Person, und es fehlt die Diktion, daß dieses denn auch permanent zu geschehen hätte. Dieses ewige Mühen um die Seele hat seine Wurzel in der Vorstellung eines idealen Bildes vom Menschen schlechthin. Was soll ein solches Absolute anderes sein als denn der Gott selbst? Depraviert der christliche Mensch sich auf diese Weise mit dem lebenslänglichen Ungenügen, mit der Ikone seiner selbst?

Bekennen oder nicht, war hier die Frage – Marrane? Die Infamie lag in dem aufgezwungenen Vorgang selbst, wenn ich mal seine nationalsozialistischen Konnotationen beiseite lasse. Bekennen ist ein Moment, der für das Jüdisch-Sein nichts bedeutet, in dem Sinne, ich stülpe etwas nach außen, das ansonsten im Innern schlummert.

Im Judentum gibt es seit undenklichen Zeiten ein Wissen darum, Jude und nichts als Jude zu sein und zu bleiben, unabhängig von der Frage, ob es mir etwas bedeutet, ob ich gezwungen war zu verraten, ob ich freiwillig konvertiere oder nicht.

Michael A. Meyer versucht es mit einer einfachen Erklärung, nach der das Judentum eine Mischung aus etwas

Religiösem und Ethnischem sei. Welches Verhältnis dann aber? »Und war das Ganze nicht doch mehr als nur eine Verbindung dieser beiden Elemente?« fragt er weiter. »Identität« oder was! Meist spät ... spät gefunden ... Besser als gar nicht, lese ich zwischen den Zeilen und den Belobigungen. Sind die alle bescheuert. Ich war Jüdin, als ich geboren wurde, im Augenblick, als das Subjekt begann. Allerdings war ich eine über Gebühr lange Tochter und im wesentlichen privat, wie das bei den meisten Leuten üblich ist. Dann hörte ich auf, Tochter zu sein, arbeitete irgendwann nicht mehr wie eine Idiotin und veröffentlichte Stücke über das Jüdisch-Sein. Oder Jüdisch-Gewesen-Sein. Das Einzige, worüber ich nicht schrieb, war die Zukunft. Eine jüdische Zukunft – da bin ich abergläubisch; ich würde auch vor der Geburt eines Kindes keine Baby-Kleidung kaufen. Kann auch sein, daß das so ist wegen meines unvollständigen Wissens über das Judentum, ja vielleicht sogar wegen meiner Unfähigkeit, es richtig zu leben und ich deshalb so hartnäckig darauf bestehe, eine Jüdin zu sein. Hatte sie eine Scharlatanin enttarnt?

»Ich ziehe mir die Farben aus der Haut / durchsichtig / daß du meine Art / die Luft zu trinken / schaust und deren Menge« (Gedichtzeilen aus *Als mir mein Golem öffnete*) ist ein Prozeß, gewalttätig und erfolglos gleichermaßen. Die Zugehörigkeiten werden in erster Linie nicht erworben, sondern sind. Sie sind. Ohne Sinn oder Nicht-Sinn, ohne bewußte Anstrengung oder mit derselben.

Dieses Wissen ist allerdings im Judentum, wie ich es in den jüdischen Gemeinden in Deutschland kenne, selbst abhanden gekommen, auch in oppositionell angetretenen Gruppen. Hier zählt der *Glaubens*jude im alt-arischen Sinn, oder wie sonst soll ich es verstehen, daß einer meine Existenz und meinen Bezug als Jüdin mit einer wegwerfenden Handbewegung kommentierte – die – ist ja *bloß* ... was? Später aufs Judentum gekommen als ich? Keine

Glaubensjüdin? Eigentlich Marxistin? Oder schwang da im Latenten mit *Halb*jüdin? Was denn *bloß?*

Vor vielen Jahren hat mir einmal ein Jude an den Kopf geworfen, ich sei ja Westjüdin. Ich schaute sehr erstaunt damals, hatte nicht gewußt, daß ich also deshalb für die Erhaltung eines früheren Ghettoplatzes mit Haus- und Mikwe-Relikten in Frankfurt am Main eingetreten war, weil ich weiter den Wunsch hätte, die in ihrer Mehrzahl dort wohl einmal später wohnenden ärmeren Ostjuden an ihre Schmach zu erinnern.

Oder Deborah, ich denke an Deborah: sie lebte mit Vater und Mutter, wie Kinder mit Vater und Mutter leben. Der Vater prägte das Selbstverständnis. In den Nächten schrie Deborah. Sie träumte die Alpträume ihres Vaters, der in den Nächten umherging und sein KZ-Leben mit sich schleppte. Deborah hat nach Israel auswandern wollen. Die Juden sagen ihr, daß sie keine Jüdin ist, denn ihre Mutter ist ja keine. Deborah wird behandelt wie eine Hochstaplerin, die sich an eine anständige jüdische Gemeinde heranwirft. Christliche Freunde haben ihr schließlich und endlich einen Flug in die USA bezahlt, damit sie sich den Wunsch, als Jüdin anerkannt zu sein, bei einem aufgeklärten Rabbiner erfüllen konnte. Beinahe wäre sie an den jüdischen Brocken erstickt und daran zugrunde gegangen. Denn in den deutschen psychiatrischen Krankenanstalten war ihr Realtrauma nicht bekannt. Sie ging zur Behandlung in die Niederlande.

Langsam, sehr langsam wird die Pluralität jüdischen Lebens auch von den Juden in Deutschland wieder entdeckt, besonders von der zweiten und dritten Generation und auch von jenen, die, als Emigrantenkinder von irgendeiner völlig anderen Normalität herkommend, sich in Deutschland stets mit einer Gläubigkeit vorzustellen hatten, die ihrem Herkunftsleben nicht entsprochen hatte. Die sind jetzt auch schon fast vierzig oder älter und erlauben sich langsam, ihren Kopf hervorzustecken und zu behaupten, daß es sie gibt. Wenn also der Bekenntnisdruck, den ihrerseits die jüdischen Gemeinden ausüben, auch langsam nachläßt, wäre vielleicht wieder Platz für den polyphonen Klang jüdischen Lebens – und man könnte glauben, daß es einen Aufschwung gäbe. Denn lange kann man mit der Orthodoxie alleine keine Kunst machen. Sie ist erstarrt und rezitativ und ansonsten ein Geschenk an die Christen, wenn sie es vorziehen, man sähe und hörte den Juden deutlich als Juden – damit sie keine Angst hätten vor ihm als dem Unsichtbaren. In gewissem Sinne hat es auch etwas Beruhigendes, diese Bewunderung für den Stetl-Juden, denn der ist nun wirklich tot und wird nicht wiederkommen.

Denkender weiblicher Torso

Assoziationen 1

»Die Filmschauspielerin Bessie Love, 1926: jungenhaft, eckig, Bubikopf, fast unweiblich« Und – führt die Frankfurter Illustrierte Nr. 10, aus dem Jahre 1932, weiter aus: »Im Kreis« – gemeint ist ein rundes Bildchen mit einer späteren Abbildung der Künstlerin – »Bessie Love 1931: ganz Frau, charmant, gewelltes Haar, runde Formen.«[1] Die Frankfurter Illustrierte war in diesen und den folgenden Jahren mit der als »weiblich« Apostrophierten deutlich zufriedener.

Meine Mutter kochte notorisch schlecht bis gar nicht und schnitt uns Mädchen erbarmungslos die Haare kurz. Sie hatte sich zu diesem Zweck scheußliche Instrumente zugelegt, mit denen das Haareschneiden entsetzlich ziepte – und überhaupt hätte ich zeitlebens lieber lange Haare gehabt. Und das letzte, was sie in ihrem Hause geduldet hätte, wären beiderseitig hinter den Ohren herabhängende Zöpfe gewesen, die ich auch eine Zeitlang bewunderte. In unserer Nachnachkriegserziehung dominierte der Bubikopf, erkenne ich. Außerdem Mahlers 4. Symphonie in G. Ein reiner Frauenhaushalt, denn meine Mutter hatte schon immer besser Schach gespielt als mein Vater. Irgendwann hatte meine Mutter aufgehört, meinen Vater gewinnen zu lassen. Wenn sie »Herrmann – heißt er, Herrmann heißt er, meine Blusen, meine Röcke, nur von wegen Liebeszwecke ...« von Claire Walldof auf den Plattenteller legte, war der Frieden vollends dahin, denn das war offenbar eine Provokation.

In der »Gleichheit« von 1892[2] hatte es geheißen: »Je ausschließlicher und hingebender ein Mann der Sache des Proletariats lebt, um so zwingender liegt oft für die Frau die Nothwendigkeit vor, sich mit ihrem Rathen und Thaten auf das Haus, auf die Sicherung der Existenzmittel zu beschränken, soll die Familie nicht Schiffbruch leiden.« Und vier Jahre später formuliert Clara Zetkin in ihrer Rede »Nur mit der proletarischen Frau wird der Sozialismus siegen!« auf dem Parteitag der Sozialdemokratischen Partei Deutschlands in Gotha 1896: »…es darf auch unmöglich die Aufgabe der sozialistischen Frauenagitation sein, die proletarische Frau ihren Pflichten als Mutter und Gattin zu entfremden …«[3]

Auch in diesem Frauenbild keine übermäßige Hinwendung zu weiblicher Intellektualität und Selbständigkeit, wohingegen das Geschlechtsleben in der proletarischen Ehe ohnehin dem des Bourgeois an Sittlichkeit überlegen sei. Clara Zetkin: »Das Geschlechtsleben des Proletariats sinkt damit (gemeint ist die größere Freizügigkeit für die Frau vor der Ehe, d. Verf.) nicht unter dasjenige der Bourgeoisie herab, sondern es steigt über sie empor, denn trotz aller Makel und Gebrechen, die ihm als Erbteil der kulturell rückständigen proletarischen Klassenlage eigentümlich sind, hat es vor der bourgeoisen Sittlichkeit die größere Wahrhaftigkeit, Reinheit und Gerechtigkeit voraus.«[4]

Im »Bubikopf«, so wollte mir scheinen, sei die weibliche Intellektuelle als eine nach außen in Erscheinung tretende Opposition verkörpert, manchmal mit Zigarettenspitze – auch ein Bild für das Lebenwollen einer Weiblichkeit, das kein Erleiden, sondern eine aktive Bereitschaft zu Lust beinhaltete. War der »Intellektuelle« historisch schon negativ besetzt – »jüdisch« – besetzt, so wurde es die Kombination mit dem Frau-Sein in polyphonem Sinn erst recht.[5] Die Inbesitznahme des Selbst durch »die Kluge«, »die Begabte«, »die, die versteht«, »die Wahrnehmende«, »die Erkennende« erscheint im Zusammenhang des Weiblichen als Inkarnation des Gegensatzes, als das, was sich ausschließt. Denn das »Weib« soll »fühlen«. Dabei könnte es doch sein, daß die Kombination der Lust, Freude, Passion, Befriedigung in Arbeit dem Grunde nach nichts anderes als die frühmarxistische Forderung nach der Selbstverwirklichung des Menschen sei. So ist der Mensch zweifellos ein Mann. Der Intellektuelle und der Jude – »alle Intellektuellen sind Juden«, und wenn denn der Jude der defizitäre »Normal«mensch sei, so kann er auch ebensogut eine Frau sein.

Assoziationen 2

Als ich zwanzig Jahre alt war, begann ich in einem Groß- und Außenhandelsunternehmen zu arbeiten. In diesem Mehrschichtbetrieb arbeiteten Leute aus der nahe gelegenen »Siedlung«: tätowierte Unterarme, fehlende Zähne, auch bei jungen Mädchen, sehr alte Menschen, die eigentlich in einen verdienten Ruhestand gehörten und junge dynamisch alerte Betriebsangehörige, die selbstverständlich nicht annähernd so häufig wechselten wie die erstgenannten. Man ging nur selten herunter, wo die Plebejer an den Bändern schafften und zog sich hinter seine Telefone und Glastüren in den Büroetagen zurück. Mein Einstellungsgespräch meisterte ich bravourös – indem ich natürlich log und verbarg, daß ich als politische Aktivistin keine Stelle im Staatsdienst hätte erhalten können. Der Abteilungsleiter versicherte mich seiner Sympathie, die, wenn ich nicht alle Zeichen falsch lese, einen rein empathischen oder platonischen Bezug überstieg. Er hatte mich nicht nur als Arbeitskraft eingestellt, sondern natürlich auch mit der Weiblichkeit, die ich obendrein und als Gratisgabe mitbrachte. Dies gilt bis zu einem gewis-sen Grad als »normal« und wird nur dann politik- oder betriebsrelevant, wenn es zu Übergriffen, Belästigungen und Diskriminierungen in diesem Zusammenhang kommt, was insbesondere gegenüber jungen Mädchen andauernd vorkommt oder gegenüber dicken Menschen. Mit der Zeit entpuppte ich mich als Kuckucksei und begann – wie es im Firmenjargon geheißen haben mochte – die Arbeiter aufzuhetzen. Eben jene, die sowieso nichts zu verlieren hatten; warb für die Gewerkschaft, als gelte es, jemanden vor der Verdammnis zu retten – machte also eine ganze Menge Ärger. Wie wir alle wissen, ist es in deutschen Betrieben legal, im Rahmen der Koalitionsfreiheit in eine Gewerkschaft einzutreten und es ist auch legal, daß eine Frau diese Aktivitäten unternimmt. Mein Treiben war aber von anderer Natur, als das, was ich sonst zu sehen meinte. Ich erinnerte mich an Gewerkschaftsfrauen, die mir als Mütter oder »Muttis« vorkamen, die hin und wieder freundliche Artikel für das Bezirksblättchen schrieben, in denen sie von gemeinsamen Ausflügen berichteten. Der Ton in dieser Rede war unauffällig und spießig. Diese gemeinsamen Ausflüge führten häufig nicht nur in die nahegelegene Rhön, sondern auch nach Leipzig, Dresden oder an andere Orte schwesterlichen Kameradentums. Das war vor 1989.[6] Friedensresolutionen, die sich auf die Lage in der Welt bezogen, gehörten auch dazu. Frauenausschüsse waren mir ein Greuel und politisch vollkommen irrelevant.

Ich beschäftigte mich mit Tarifpolitik und allgemeinpolitischen Fragen – Männerdomänen –, natürlich kontrovers, und löste manchmal hitzige Debatten aus. Ich war einigermaßen sperrig, sowohl in diesem Betrieb als auch in der Gewerkschaft. Dabei will ich mich nicht damit beschäftigen, ob ich oder wer anders wann Recht hatte.

Auffällig ist mir im Gedächtnis geblieben: nachdem die Betriebsdirektion bemerkt hatte, daß ich der Kopf sub-

31

versiver »Umtriebe« – also jener völlig legalen Gewerk-
schaftsaktivitäten war – kommunistische AgitProp war
auch nicht mehr weit –, geschahen merkwürdige Dinge.
Der Fahrer und Buchhalter des Direktors, gleichzeitig
Vorsitzender des Betriebsrats, lud mich zu einem Treffen
ein. Aha, der Betriebsratsvorsitzende wird mir etwas zu
sagen haben oder endlich ich ihm. Ich kannte den bezeichneten Ort nicht und wunderte mich, daß es eine Bar
war. Etwas blöde und irritiert setzte ich mich. Wie im
wirklichen Leben unterbreitete mir der Kollege mehr
oder weniger unverblümt ein Geld-Angebot, für das ich
den Betrieb verlassen oder die Aktivitäten einstellen sollte. Dabei ein alkoholisches Getränk, an das ich nicht gewöhnt war. Mir fiel ein Gerücht ein, in dem davon die
Rede war, daß der Buchhalter und Fahrer und eben auch
Betriebsratsvorsitzende am Abend manchmal den Betriebsdirektor in ein Bordell brachte, wo er auf ihn wartete und ihn dann heimwärts fuhr. Außerdem hatte mir mal
jemand erzählt, daß niemand wisse, warum ein Fahrer in
der Buchhaltung saß – zumal er nicht rechnen konnte. Irgendwie brachte ich es fertig zu gehen.

Als nächster schlug der Ortsvereinsvorsitzende der Gewerkschaft, ein hochgewachsener Mann mit guten Manie-
ren und einer geachteten Stellung in der Bank, solch ein
Treffen vor. Ich mochte ihn persönlich viel lieber. Auch er
vereinbarte einen seltsamen Ort als Treffpunkt. Dieses
Gespräch entpuppte sich als Verhör bei angenehmen
Klängen, dem ich widerstand. Auch die Gewerkschaft
wollte mich zum Einstellen meiner Aktivitäten bewegen,
obwohl ich ihr nicht wenige Mitglieder gebracht hatte.
Das hatte verschiedene Gründe.

Tag für Tag ging ich nun durch die Gänge des wehrhaf-
ten Betriebs, mal ein Flugblatt unter dem Aktenordner
haltend, das andere Mal einen Zettel für welche, die sich
nicht hatten entmutigen lassen; ein Gesetz über die Anerkennung bei Schwerbeschädigung, weil jemand was wis-

sen wollte; irgendwas über Urlaubsansprüche und so weiter; ging unendlich viele Male aufs Klo, denn da trifft man wenigstens wen. Oder suchte im Lager irgendwas, weil da Menschen über meinen Weg liefen und ich »Guten Tag« sagen konnte, ohne daß es der Geschäftsleitung zugetragen wurde.

Der Mann, vor dem alle Angst hatten, residierte in einem Eckzimmer am Ende des zweiten Stockes, auf dem ich in einem Büro zu sitzen hatte. Er soll ein U-Boot-Kommandant im Zweiten Weltkrieg gewesen sein. Jedenfalls hatte er Schmisse im Gesicht, mit denen er sich auswies als einer, der einer schlagenden Verbindung zugehörig ist oder war. Als »Ehren«-Mal trug die Haut die militaristische Gesinnung zur Schau.

Es geschah, daß er die Türe öffnete und mich aus meinem Zimmer heraustreten sah. Er schloß die Tür und öffnete erst wieder, wenn ich vorübergegangen war. Jener Stocker, der doch so begeistert bei meiner Einstellung gewesen war, benahm sich genauso. Sie schafften es nicht, mir normal zu begegnen.

Im nächsten Betrieb gab es einen ähnlichen Verlauf, auf dessen Höhepunkt der Betriebsbesitzer, Bernd Knauer, den in einer Betriebsversammlung wartenden Arbeiterinnen und Arbeitern sagen ließ, daß er so lange nicht erscheine, wie ich anwesend sei. Die Belegschaft stellte sich nicht gegen mich, so daß es zu der grotesken Situation kam, daß der Betriebsbesitzer seinen eigenen Betrieb nicht betrat. Zu diesem Zeitpunkt war ich aber Mitglied des Betriebsrats ... und würde schwerlich über kurz oder lang verschwinden ... eine lächerliche – und ungünstige – Konstellation, nicht wahr? Tat ich nicht meine Arbeit wie andere Mitglieder des Betriebsrats auch und gehörte es nicht zur Natur der Sache, daß hier andere, wenn nicht gegensätzliche Interessen verfochten wurden? Warum sollte ich und nur ich vor dem Angesicht des mit mir fast gleichaltrigen Betriebsbesitzers verschwinden?

Schon während meiner Ausbildung war der Beauftragte einmal hingegangen und hatte seine Verantwortung abgegeben mit der Bemerkung, er würde die anderen Lehrlinge behalten, wenn sie sich von mir distanzierten – was sie nicht taten. So daß wir einen neuen Lehrherrn bekamen.

Im wieder nächsten Betrieb hatte ich ausgehandelt, daß ich zu verkürzten Arbeitszeiten beschäftigt sein sollte – aus Kindergründen. Einmal ließ mich der Werbedirektor W. L. rufen. Er baute sich vor mir auf und begann zu schreien, bis seine Halsader schwoll. Warum genau habe ich vergessen. Ich dachte, das kenn ich schon, von zu Hause jedenfalls, mein Vater war auch so. Ich sagte ihm, daß ich gehen müsse. – Und ging.

Merkwürdigerweise bin ich mir keiner besonders anstrengenden Verhaltensweisen bewußt, galt auch in der Schule nicht als laut oder vorlaut, hatte stets hervorragende Kopf- oder Betragensnoten, wie man so sagt, und war auch später eigentlich nicht von besonders aggressivem oder frechem, geschweige denn ungebührlichem Verhalten.

Bei den Metallfirmen Mabeg und Schoeller beinhaltete meine Arbeit als Werkstattschreiberin und Sekretärin auch das Kaffeekochen, eine Leistung, die ich wirklich nicht erbringen konnte. Bei Schoeller erbarmten sich dann einige von den Akkordarbeiterinnen und übernahmen die Sache für den Meister, mit dem ich mich nicht schlecht verstand. Als Sekretärin hatte ich im entscheidenden Moment ständig ein Fernschreiben aufzugeben, was mir gar nicht mal besonders übel genommen wurde.

Das ist eigentlich alles an Fehlverhalten, was mir so richtig in Erinnerung geblieben ist.

Auf gewerkschaftlichen Veranstaltungen bedrohten mich Männer, die sich politisch als nahestehend bezeichneten – einmal auf einem Gewerkschaftstag sogar so, daß mir der führende Linke, ein Schreihals und missionarischer Demagoge, Prügel androhte und der sozialdemokratische Sekretär sich schützend vor mich stellte.

In den Reihen der Industriegewerkschaft pflegte man damals immer mal wieder einen gewissen »Proletkult«, zu dem ich als Frau keinen Zutritt hatte, gepaart mit Intellektuellenfeindlichkeit. Auf dem Gipfel gewerkschaftlicher Agitation ließ man etliche Töne gegen die intellektuellen Schmierfinken, vor allem von der Presse, vom Stapel – gegen die Herren mit den weißen Stulpen, die »geistigen Onanierer« – und fand Beifall. Weswegen übrigens die wenigen Studierten, die eine solche Organisation damals beherbergte, sich oftmals beeilten, ihren mangelnden Klassenbezug durch besonders infame Reden gegen Intellektualität zu überdecken.

Irgendwann fing ich an darüber nachzudenken, warum ich nicht einfach als Person mit anderer Meinung oder als politische Gegnerin zur Kenntnis genommen würde. Daß ein Betriebsrat nicht einfach vertritt, was die Geschäftsleitung möchte, liegt in der Natur der Sache. Ich hatte das Gefühl, daß andere Leute im Betriesbsrat oder in der Gewerkschaft nicht derart persönlich verfolgt wurden.

Ich vermutete, es lag daran, wie ich den Kopf hielt, wenn ich »Guten Tag«, sagte oder an der Art und Weise, in der ich die Kaffeetasse nicht abstellte. Die Sprache meines Körpers könnte der Spiegel gewesen sein für die Infragestellung der Wirklichkeit. Und die Infragestellung der Wirklichkeit bedeutete »Unordnung«, respektive »Chaos« – seit langem ein Schimpfwort ähnlich dem »Terroristen«. Ich kann auch nicht leugnen, daß ich selbst in der Unterwerfung unter den Rhythmus der Maschine, noch im übelsten Akkord, heimlich *gedacht* habe – was sich nicht gerade positiv auf meine Akkordleistung niederschlug. Denn im Akkord kann man nur Erfolg haben, wenn es gelingt, die Arbeit des Kopfes zum Stillstehen und den Körper zum Unterwerfen zu bringen, was natürlich ein Gewaltakt ist, den viele Arbeiterinnen nur durch Tablettenkonsum fertigbrachten.

Assoziationen 3

Könnte es nicht sein, daß die Intellektualität noch mit einem spazieren geht, wenn man zum PLUS einkaufen geht, sie sozusagen ungefragt und ohne abgerufen zu sein, frei im Raum herumsteht und in der Diskrepanz zu dem Ort aufreizend wirkt. Wenn der Körper von Intellektualität permanent eingeschlagen ist – wie ein Butterbrotpapier um das Brot – oder der Körper Intellektualität einschlägt, so ist das eine Provokation für Personen, die sie exkorporieren oder exkorporieren wollen – was meint Vermännlichen.[7]

Aus meinem Mund schienen gewisse Dinge stets provozierender zu klingen. Meine Freundin sagte genau das gleiche. Und nichts geschah. Ich wollte mich vor den Auftritten am Mikrophon schön fühlen. War gewissermaßen ganz und vollständig im Körper, während ich doch gleichzeitig nur und ausschließlich über Momente, die den Intellekt betrafen, sprach. Manchmal schminkte ich mich und achtete darauf, was ich anzog. Ich stellte mich dar – als *ganze* Person, jedenfalls oszillierend um jene »Ganzheit«; wenigstens für den Moment und soweit das überhaupt möglich sein kann. Vielleicht verbanden sich Intellekt und Weiblichkeit in unverfrorener Weise so, daß die Männer, ihr angestammtes Areal bedroht sehend, nicht nur zu Konkurrenz oder Gegnerschaft sich veranlaßt sahen, sondern zu wahren Haßtiraden. Womit ich nicht sagen will, ich hätte Miniröcke angehabt. Wogegen ich nichts habe. Tatsächlich war ich oft achtlos oder nicht interessiert angezogen.

Weiblichkeit und Intellekt verbanden sich – vielleicht mit einer provozierend selbstverständlichen, provozierend nachlässigen Attitüde: Körper gewordener Intellekt. Was die vorgestellten Männerhelden jedenfalls rasend machte. Ich transportierte die Differenz. Und wußte zu jeder Sekunde, daß ich eine Frau bin ... Rosi Frölich berichtet von ihrer ersten Begegnung mit Rosa Luxemburg. Sie ist, als jene schließlich in der Bergarbeiterstadt Kamen ankommt, »sehr erstaunt. Wie alle. Weil sie so klein, sehr klein von Gestalt war und man sie sich so anders vorgestellt hatte.« Das Bild änderte sich schnell, als »man sie reden hörte. Sie hatte eine wunderbare Stimme, eine sehr gut durchdringende mittelhohe Stimme. Sie sprach so, daß man wirklich unter freiem Himmel ohne Mikrophon in den äußersten Reihen beinahe jedes Wort verstand. Sie verstand es ausgezeichnet, deutlich und weittragend zu sprechen ... Die Fenster gingen auf. In dieser Versammlung hörte ich zum ersten Mal, wie sie diesen Arbeitern auch ihr eigenes Los in großen Strichen vor Augen führte. Mit ganz einfachen Worten, mit einfachen Sätzen, die jeder verstand. Ich hatte den Eindruck, daß sich die Menschen direkt gestärkt fühlten ...«

Ilse Ollendorff Reich lebte viele Jahre mit dem Arzt und Psychoanalytiker Wilhelm Reich. Sie heiratete ihn und arbeitete mit ihm im Labor. Im Rahmen seines Projekts Orgonon war sie in Verwaltung und Forschung weitestgehend involviert. Als ihr gemeinsamer Sohn Peter zehn Jahre alt war, verließ sie Wilhelm Reich und ließ den Sohn in beiderseitigem Einvernehmen mit dem Vater leben. Bei Feierlichkeiten zu Wilhelm Reichs 100. Geburtstag in den USA im Jahr 1997 wurde sie in Boston als Witwe des Verstorbenen, als Mutter von Peter Reich und als Schwester des ebenfalls Analytiker gewordenen Bruders Robert Ollendorff vorgestellt. »Das war mir zuviel. Da bin ich explodiert. Ich bin darauf stolz, daß ich finanziell vollkommen frei sein konnte und mein Studium bezahlt habe«, sagt sie, fast achtzigjährig. »Ich bin nicht das Anhängsel von drei Männern. Ich bin stolz darauf, daß ich mich unabhängig gemacht habe. Als ich von Reich wegging, hatte ich 500 Dollar Ersparnisse – sonst nichts. Ich wollte nicht, daß er Unterhalt für mich bezahlt. Ich muß das irgendwie von meiner Mutter geerbt haben. Sie war die erste weibliche Bankangestellte in Deutschland, eine bilanzsichere Buchhalterin.« Sie erzählt, wie hart und entbehrungsreich für sie, die nicht mehr jung war, ihre Unabhängigkeit erkämpft war – sie studierte, gab Unterricht, verdiente ihren Lebensunterhalt und wurde schließlich Lehrerin. Und Männer …?»Dafür«, sagt sie, »hatte ich keine Zeit, wirklich nicht. Nein – das ging nicht.« Ich will ein Bedauern heraushören. Ich höre aber keines.

Lustgewinn ohne Männer oder Frauen – in der Arbeit … – und nur aus der Arbeit … aus der Stellung und dem Inhalt der Arbeit heraus … Kinder …»bei der Lage von Paul (Frölich, E.D.) verbot sich das von selbst.« »Überhaupt – Zeit hatten wir natürlich auch keine. Ich schon gar nicht …« hatte Rosi Wolfstein-Frölich einmal gesagt. Sie erzählte fast neunzigjährig über ihr Leben als Oppositionspolitikerin – zuerst an der Seite Rosa Luxemburgs – Wahlkampf für die Sozialisten:»Es war sehr, sehr kalt, in diesem Januar 1912. Rosa (Luxemburg, E.D.) sprach über Innenpolitik. Später, in einem Saal der Nachbarschaft, sprach sie über Außenpolitik, nachdem ich über Innenpolitik gesprochen hatte – etwas, das mir geläufig war, nachdem ich 35 Versammlungen schon hinter mir hatte. Es war mir ein *Vergnügen*, diese Schlacht mitzuschlagen.« In den Lokalen hatte einstmals schon Lassalle gesprochen.»Es war also eine ganz *große Ehre*, daß man da auch manchmal reden durfte. Abends zog man dann zu einem Gartenlokal und hat – bis zum allerletzten Zug, der noch zurückfuhr – getanzt.« (Hervorh. von der Verf.) Nach der Ermordung Luxemburgs und Liebknechts war sie im Kreis der SAP (Sozialistische Arbeiterpartei Deutschlands) – der übrigens Ilse Ollendorff ebenfalls angehörte – aktiv.

38

Als ich sie treffe, ist sie hochbetagt. Jemand geht mit ihr spazieren – und ich bemerke, wie sie darauf besteht, daß jene Handtasche zum Mitnehmen ausgewählt wird, jene und nicht diese, denn diese ist schöner. Was hab ich mir wohl gedacht, wie abhold eine politische Aktivistin sein müßte ...

Assoziationen 4

»Ich begann also in den späten fünfziger Jahren eine Affäre mit meinem Fernsehapparat, die bis heute fortdauert, wo ich nun in meinem Schlafzimmer gleich mit vieren auf einmal herumspiele. Ich habe jedoch erst 1964 geheiratet, als ich mein erstes Tonbandgerät bekam. Meine Frau. Mein Tonbandgerät und ich sind nun seit zehn Jahren verheiratet. Wenn ich »wir« sage, meine ich mein Tonbandgerät und mich. Manche Leute verstehen das nicht.«[8] Andy Warhol.

Andy Warhola, der aus einer ursprünglich polnischen Einwanderer-Familie der USA stammt, hatte wahrscheinlich einen »Knall«, wie man so sagt, und eine zeitlebens andauernde fast religiöse Bindung zu seiner Mutter. Und? Nichts. Er hatte also eine Beziehung zu seinem Kassettenrekorder wie ich zu meinem Bleistift. Warum nicht?

Ist es ein Penetrationsvorgang? Warum nicht. Ähnlich wie beim Sexualverkehr kann man nicht unbedingt wissen, ob etwas dabei herauskommt. Aber immerhin kann eine Frau ungehindert aktiv sein. Der Abschluß eines intellektuellen Vorhabens wird häufig als Geburtsstunde bezeichnet – dies und jenes war eine schwere Geburt, heißt es. Soll das heißen, daß das Vorbehalten dieses Ereignisses für Männer ihnen den Zugang zum Geburtsvorgang ermöglicht, dessen sie ansonsten entbehren? Vielleicht. Jedenfalls ist die intellektuelle Leistung bei Gelingen, zumindest vorübergehend, durchaus eine lustvolle Angelegenheit, und ansonsten frustrierend.

Und? Nichts.

Die Affären, die eine Frau im Zusammenhang von Intellektualität mit einem Fernseher oder einem Tonbandgerät haben kann, stoßen auf das Bedauern und Mitleiden ihres Umfelds. Zu Unrecht. Die Frau, die ihre Affären mit dem Computer, ihrer Vortragsreise und Druckfahnen hat, versagt sich mitnichten etwas, sondern nimmt gewissermaßen an einem orgiastischen Geschehen teil. Zumeist auch nicht gezwungenermaßen, sondern freiwillig, eher erkämpft. Im Unterschied zu anderem Tun finden diese Handlungen in aller Öffentlichkeit statt, haben also eine voyeuristische und exhibitionistische Komponente, deren Befriedigung Männer in ihrer gegebenen Repräsentanz im öffentlichen Raum schon lange nachgehen. Im Vorfeld liegt die Privatheit der Selbstbefriedigung, nicht selten über einen langen Zeitraum hinweg. Für diesen ungehemmten Narziß gibt es nicht nur keine gesellschaftliche Sanktionierung, sondern besonderen Respekt und Beifall, der ansonsten nur Künstlern – dafür, daß sie Privates öffentlich tun, teils frenetisch und enthusiatisch gespendet wird. ————— »Kissing John Lennon, Mick Jagger, Liza Minelli«: Andy Warhol holt die Privatheit des Augenblicks an eine Öffentlichkeit, deren Schaulust die Erotik auslöscht und den Kuß in die Kategorie Bonbon, 3 cents, verschiebt. Küssen wie den Kühlschrank öffnen … Die zur Schau gestellte Intellektualität dagegen läßt immer auch eine Ahnung des privaten Moments davor aufscheinen – dessen, was wer tut unter der Bettdecke. Das Moment des »Dazwischen-Seins«, des Bewältigens liegt dort, im Persönlichen und Privaten, und eben auch gleichzeitig im Kommunikativen, dem Anderen und Öffentlichen.

Wir wissen, wie sehr sich die frühkindliche Sozialisation damit befaßt, daß die Hände des Jungen kontrolliert werden, nicht die des Mädchens. Mag sein, hierin liegt das schamlose Moment weiblicher Intellektualität, frühkindlich weniger stranguliert, stellt die Frau als Denkende sich dar, in einem Raum, der als Refugium männlicher Entschädigung und Rekreation dienen konnte.

Vielleicht ist der Schutz der Männer vor dem Einbruch der Frau in das Denken der Schutz vor dem Einbruch der Erotik in den Geist, die unstatthafte Berührung des Intellekts durch den Körper und offen zutage tretende Libido; auch ein Schutz vor der tendenziellen Auflösung der Subjekt-Objekt-Trennung, mit der die kognitive Reife gewertet wird. Und mithin die Basis der Ausgrenzung der Frau aus dem intellektuellen Leben. Als ob es keinen Zusammenhang gäbe zwischen der Tatsache, daß ich Durst habe und Fußnoten schreibe.

Ich sehe sie vor mir, die unendlichen Stuhlreihen in Veranstaltungen, besetzt mit gleichförmigen Anzügen, wie an Schnüren gezogene Beine, ausgestreckt und eingezogen. In gewissem Sinn sind das zivilisierte Männerbund-Sitzungen. Hinter der männlichen Intellektualität lauert das offen hervorgezeigte Glied, in der Sozialisation hochgradig stigmatisiert. Sein Außen, seine öffentliche Darstellung und Spiegelung – zum Beispiel in den Puppen des Kinderzimmers –, findet sich in der Regel ohne männliche Geschlechtsmerkmale wieder; zugelassen sind nur jene Figuren, deren Körpergestaltung noch am ehesten dem weiblichen Kind entspricht. Mittlerweile wird das Bedürfnis, sich selbst sehen und wiedersehen zu können, von den Herstellern unter dem Gesichtspunkt der rassistischen Diskriminierung hin und wieder verstanden, jedenfalls in den USA. Die weiße Puppe bekommt eine afro- oder asiatische Schwester. Die männliche Puppe hingegen, der männliche Säugling ist noch ein Skandalon und wird höchstens in therapeutischen Zusammenhängen oder pädagogisch hochmotivierten Haushalten gesucht, falls solch ein Spielzeug überhaupt gefunden würde. Bei

Waldorf-Spielzeug hieß es: Stellen Sie den Puppenkörper nicht mit dunklem Stoff her, das Kind könnte sich sonst erschrecken ... Ergänzend zu der rassistischen Diskriminierung könnte es heißen, stellen Sie keine Männlichkeit her, das Kind könnte sich erschrecken. *Er* hat etwas nicht Vorzeigbares an sich. Wäre die Ausgrenzung der Frau aus dem intellektuellen Leben eine späte Rache für eine langanhaltende Kränkung?

Das Hin- und Herwenden eines Buchstabens, bestimmter Wörter löst Empfindungen aus, auf der Zunge, im Mund – ein Vorgang, der mit Einführen und Ausspukken, Anfühlen und Betasten zu tun hat und einen imaginären Klang und ein Bild ergibt. Erinnern Sie sich an den Kriminalkommissar im Deutschen Fernsehen, der stets und ständig einen Lutscher bei sich hatte? Ein glatzköpfiger Darsteller, dessen Erfolg vielleicht darauf beruhte, daß er bei der Arbeit offenbar immer und stets mit dem Munde dabei war und daraus keinen Hehl machte.

Der Umgang mit den Wörtern, der Gebrauch des Intellekts eröffnet gleichzeitig die Möglichkeit ungehemmter, ansonsten streng tabuisierter Aggressivität. Hier wird mit Hieben gefochten, deren Brutalität im Körperlichen verpönt und geächtet ist – jedenfalls in bestimmten sozialen Schichten. Offenbar sind diese Aktivitäten derart lustvoll, daß nicht selten dahinter die originäre sexuelle Begierde zurücktritt. Sublimierung, sagte Freud dazu. Der Mann, der zum Zusammensein mit Frau oder Kind (was natürlich auch eine lustvolle Komponente hat) ständig keine Zeit hat, schöpft seine Befriedigung ganz offensichtlich aus einer anderen Tätigkeit – und das mitunter mit Vorrang. Auf dieser Basis entsteht der Kampf der Geschlechter um die immer wieder zur Disposition stehende Libido-Verteilung. Formuliert die Frau hingegen die Okkupation ihres Denkens und ihres Körpers durch ein zeitweilig oder stets sie beherrschendes Thema, so, daß sie lieber denkt oder aber mit ihrem Thema, nicht mit ihm, schläft, seit Wochen nichts anderes tut als nachdenken, nicht mit ihm oder wem schlafen kann oder will, steht die Frage nach einer möglichen Frigidität sofort im Raum. Die Befriedigung, die die Einnahme des ganzen Selbst durch ein intellektuelles Thema auslösen kann, wird mitleidig als Defizit, fast schon als Krankheit angesehen. Und im übrigen korrelativ betrachtet zu dem Streben nach Macht und damit nach dem Schlechten. Nun wissen wir allerdings, wie berauschend das Erlebnis der Macht sein kann und sei es über den Gegenstand, der bezwungen sein will. Arbeit, Leidenschaft und Macht resp. Geld fallen bedauerlicherweise nicht immer zusammen, weshalb bei vielen Leuten die Kopfschmerzen schlagartig nachlassen, wenn sie um 17 Uhr den Arbeitsplatz verlassen dürfen. Die Leidenschaftlichen bleiben ja sitzen und die Opportunisten auch.

Ich weiß es nicht, was umständlicher zu erlangen ist: die Euphorie eines Bergsteigers nach Erklimmen des als unbezwingbar erklärten Gipfels, Erfolg bei Expeditionen wie die eines Robert Scott oder das endliche Versenden eines fertigen Schriftstückes intellektueller geronnener Leistung.

Frauen wie Rosa Luxemburg, auch Poolan Devi, die indische Banditen-Anführerin, deren Motiv auf die Vergewaltigung als Mädchen zurückgeht, mögen in ihrer besonderen Verbindung von Weiblichkeit mit Intellektualität Urängste der Männer wachrufen. Als Rosa Luxemburg getötet wurde, schlugen die tapferen, allerdings sieglosen Kämpfer des 1. Weltkriegs, die Reichswehrsoldaten, sie mit Gewehrkolben und Fausthieben halbtot und einer feuerte anschließend aus nächster Nähe. Sie überboten sich gewissermaßen in dem Bedürfnis, sie zu morden. Sie erschossen nicht nur die politische Gegnerin, sie schossen auf einen Mythos, auf eine Person, deren intellektuelle und weibliche Potenz ihnen Angst einflößte und die sie dafür haßten. Dieter Ertel hatte Waldemar Pabst nach seiner Motivation zum Mordbefehl gegen Rosa Luxemburg befragt und dann folgendes aufgezeichnet:»Eines Tages sei ein Regimentskommandeur, adelig und katholisch, zum Divisionsstab gekommen (d.h. Pabst hat ihn abgefangen, ehe er zum General vordrang) und habe um die Erlaubnis gebeten, Rosa Luxemburg vor der Truppe sprechen zu lassen. Der Offizier hatte eine Rede von Rosa Luxemburg gehört, war von ihr begeistert und – so Pabst – »hielt sie für eine Heilige«, »einen neuen Messias« mit einem ungeheuren Sendungsbewußtsein. Pabst heute:»In diesem Augenblick erkannte ich die ganze Gefährlichkeit der Frau Luxemburg. Sie war gefährlicher als alle anderen, auch die mit der Waffe.« Bei ihrer Verhaftung durch Reichswehrleute wurde sie »Hure« genannt.[9] Maercker schreibt in *Kaiserreich*: »Vor allem wird die Regierung Ebert bedroht durch die Gruppe der Spartakusleute, durch Liebknecht und Rosa Luxemburg. Diese Bedrohung ist eine arge. Die Rosa Luxemburg ist ein Teufelsweib. ... Rosa Luxemburg kann das deutsche Reich heute straflos zugrunde richten, denn es gibt keine Macht im Reiche, die ihr entgegentreten kann.«[10] Klaus Gietinger meint, daß in der Person Rosa Luxemburgs die Begriffe: Frau/Hure/proletarische Frau/Hexe/Jüdin/angreifende Frau/Masse/Bolschewismus/-Chaos synonym gebraucht werden – sie schufen das Bild der »roten Frau«, die schließlich mit Faust- und Kolbenschlägen, dem aufgesetzten Schuß und der Versenkung der Leiche im Landwehrkanal getötet wurde und getötet werden durfte. Er bezieht sich auch auf Klaus Theweleits *Männerphantasien*[11] und schreibt:»Der preußische Offizier in dieser Zeit ist eine Art Zwangsmaschine, ein psychotischen Kindern vergleichbarer, »nicht zu Ende geborener« Mensch, der kein »Ich« besitzt (siehe hierzu auch Adorno, *Studien zum Autoritären Charakter*) und einen Erhaltungsmechanismus benötigt. Dieser Erhaltungsmechanismus hat die verschiedensten Formen: eigener durch Drill erzeugter Körperpanzer, marschierende Truppe, Heer, Nation, ja Schlachtschiff, U-Boot, Tank.«[12]

Es ist mir übrigens immer aufgefallen, wie sehr jener Betriebsratsvorsitzende persönlich an den äußerst männlich auftretenden Betriebsdirektor gebunden schien, und daß er selbst von sehr schmächtiger und zarter Statur war – mag sein, daß hierin eine homoerotische Komponente gelegen hat; ein Zusammenhang, der in bezug auf Reichswehr und Nazi-Militarismus ebenfalls eine Rolle spielt – oder das Bedürfnis des weiblichen Mannes, seine Männlichkeit auszustellen; Selbstvergewisserung der (bedrohten) Männlichkeit durch äußere Markierung. Die Waffe der Militärs gehörte zu den Insignien ihrer Männlichkeit.[13]

Abschließend sei bemerkt, daß ich nicht Rosa Luxemburg war, sondern eine Mischung aus Florence Nightingale und Jeanne d'Arc.

Anmerkung zum Titel: kann ich wissen, wer denkt, wenn ich denke; wer schreibt, wenn ich schreibe?

Danket dem Herrn

Neulich hat mir jemand gesagt, daß er die Jahrtausendwende in Bethlehem erleben werde. Wo sonst, als an diesem Ort. Er hatte im Mai gebucht. Ich habe darüber nachgedacht. Es steht ja zu vermuten, daß kein Stern vom Himmel fällt, der mir den Weg in den Stall zu dem Kindlein zeigen würde. Auch steht zu vermuten, daß ich, falls der Stern fiele, ihn nicht sehen würde. Und es steht zu vermuten, daß ich, falls der Stern fiele und ich ihn sehen würde, ihm nicht folgen würde. Das hat verschiedene Gründe und nicht nur den, daß ich Jude bin.

Es muß hier das Bedürfnis vorliegen, Teil zu sein und erneut zu werden einer ursprünglichen Menschwerdung; vielleicht die Wiederholung des Geburts- und Schöpfungsvorgangs, denn zur Zeit dünkt sie, die Schöpfung, uns nicht so erhaben, wie wir es gerne gehabt hätten. Unsere Werthaftigkeiten sind vom vorgeblich Eindeutigen in mehrdeutige Auffassungen wie zerronnen. Und einfach schon gar nicht.

Mit den Bibelfesten kann ich nicht mithalten, mit den Talmud-Weisen auch nicht, leider. Es klingt vergleichsweise simpel, wenigstens sich dem Wahren, oder der Wahrheit zu verschreiben, und diese fast magischen Jahreszahlen eignen sich zum Reflektieren, auch zu Vorhaben, vielleicht auch zu Schwüren. Schwüre verpflichten, im Schwur ist man anheimgegeben einer anderen Instanz über einem selbst, die rächend einträte, sofern er gebro-

chen wird. Mit der Wahrheit ist es anders, sie basiert auf freiwilligem Kontrakt und wird er gebrochen, tritt in den seltensten Fällen jemand oder etwas rächend ein. Ich will damit sagen, die Wahrheit ist nicht auf Bethlehem festgelegt, sondern haust gewissermaßen in Dortmund, Berlin und Leipzig – oder in Djakarta.

Woher ich ein gewisses Bedürfnis nach Wahrheit – will ich gar nicht mal sagen, nach Wahrhaftigkeit, verspüre, vermag ich nicht zu sagen. Möglicherweise habe ich einfach Furcht davor, wie es ist, wenn der Kontrakt zur Verständigung zerbricht. Dann gibt es weder eine gemeinsame Wahrhaftigkeit, auf die sich eine jede beziehen würde noch das Recht als regelnden Diskurs noch Frieden natürlich. Außerdem wirken wahrscheinlich die zehn Gebote weiter fort, deren normative Wirkung nicht zu unterschätzen ist. Immerhin bleibt »Lügen« tabuisiert im Gegensatz zu anderen mehr oder weniger offen geäußerten Verletzungen oder ausgrenzenden Stereotypen.

Da halten es inzwischen recht viele für nützlich, wenn nunmehr »Wahres« gesagt wird. Egal, ob es Gemeinheiten sind oder in den Stand des Pluralen erhobenes rechts angelehntes Gedankengut. So fällt das ehemalige Orchester-Mitglied der Deutschen Oper, das in Israel eine Rechnung mit »Adolf Hitler« unterschrieb, in ein Becken, wenn nicht der Anteilnahme, so doch des Mitdenkens und Verstehens seiner Lage, die der eines angenommenen Durchschnittsmenschen entsprechen soll. Selbstverständlich erhält in der Wirklichkeit der gekündigte Kollege öffentlich andere Auftrittsmöglichkeiten. Literarisch wird ihm mit der »Flatterzunge« ein Denkmal gesetzt, in dem sein Verhalten als dermaßen gewöhnlich und normal behauptet wird, daß »wir« »uns« hier eben wiederfänden. Als sei diese Art Reden und Denken das übliche. Hier wird ein common sense kreiert, der die Anteilnahme an denen, die beleidigt wurden, verweigert. Mit dieser Art »Wir« kehren die Alt-68er heim zu ihren Vätern und Müttern. Daß geschah, was geschah, wird verstanden. Durch die Verallgemeinerung in den möglichen Denk- und Tatraum eines jeden wird der tatsächliche Vorgang minimiert. Und die Zumutung, die diese Handlung darstellt, ignoriert. Der italienische Eko-Konzern in Brandenburg kündigte ohne Zögern wegen rechtsradikaler Umtriebe. Das Landesarbeitsgericht Rheinland-Pfalz hatte eine Kündigung als verhaltensbedingte Störung des Betriebsfriedens für Recht angesehen, wenn ein Arbeitnehmer durch rassistische Bedrohung eines anderen oder einer ganzen Gruppe sich nicht »zivilisiert« verhält. Da hatte es einer solch herausgehobenen Stellung in der Öffentlichkeit nicht bedurft. Offenbar hatte hier jemand ein Prinzip, nach dem er verfahren wollte. Eine moralische Anbindung des Handelns an ein Gesetz.

Es ist der Grat zwischen der Wahrheit und der Unwahrheit, auf dem die Spaziergänge stattfinden. Mir tönen die Ohren, wie die Firmen ihre Bereitschaft signalisieren, an Zwangsarbeiterinnen und Zwangsarbeiter zu zahlen, wenn auch symbolisch. Es »stimmt« gewissermaßen; sie wollen. Andererseits läßt die Tat, die Ausführung, so lange auf sich warten, daß Zweifel an der Wahrheit aufkommen. Seit die gegenwärtige Regierung die Bühne der politischen Macht betreten hat, haben wir eigentlich außer Wohlwollen, das wir schon kannten, wenig erreicht. Eine Handvoll Firmen, deren Auslandsverflechtung sie mehr oder weniger zu Schritten zwingt, die eigene Reputation zu heben, haben zugegeben, Zwangsarbeiter beschäftigt zu haben. Die deutsche Landwirtschaft ist in toto von jeder Verpflichtung freigesprochen. Für diesen Bereich wird davon ausgegangen, daß man es als Sklave dort besonders gut getroffen und kein Unterschied zum Gesinde bestanden habe. Das freilich den unschätzbaren Vorteil genoß, deutsch gewesen zu sein, weswegen auch der deutsche Landarbeiter ein arischer Herr gewesen war und nicht der Knecht. Und weiß man nicht von so manchem Dorf, in dessen Weiher ein totgeschlagener Ostarbeiter versenkt wurde. Und wieder schweigen die, die auch so alt sind und dabei waren. Auch der Mittelstand ist jeder Verantwortung enthoben. Warum eigentlich? Weil der Bäcker, der seine Sklavenarbeiter tauschte, freisetzte, der Gestapo übergab, wenn sie nicht flott genug gewesen oder ein Brot an sich genommen, damit keine unübersehbaren Mengen an Millionen machte, sondern, sagen wir, ein Eigenheim?

Tonfabrik Strauch im kleinen Heppenheim an der schönen Bergstraße: ging sofort in Konkurs, als es aus war mit der Beschaffung der Zwangsarbeit – und dann? Was dann? Dann erben welche. Ein Zweigbetrieb besteht in Bad Vilbel-Massenheim. Der Besitzer aus der Strauch-Familie findet die Anstrengungen einer Schulklasse, die Akten fand, unterstützenswert. Die Landeszentrale für politische Bildung hat ihre Aktivitäten als vorbildlich dem bestellbaren Informationsmaterial hinzugefügt. Wo sind die Kinder, die Zwangsarbeiterinnen dieser Fabrik geboren hatten? Welche Geborenen, welche Toten oder zu Tode Gebrachten verzeichnet das Kirchenarchiv von der Entbindungsbaracke? Und bei der Stadt, wie ist es da? Der Bürgermeister aus dem Südhessischen sagt, da war keiner. Andererseits gibt es Akten im Stadtarchiv und die liest einer, der bei der Stadt beschäftigt ist. Der Bürgermeister sagt, da ist nichts.

Ja – unterstützenswert, nur der Zahlungsinitiative beitreten will er nicht, denn sein Betrieb befände sich nicht in der Nachfolge, sagt der Zweigbetriebsbesitzer. Im Hotel »Zum halben Mond« in Heppenheim sitzen die Söhne, so wie die Väter auch schon dort gesessen und ein paar Mal im Jahr zum Tanz gekommen waren.

Es erben also welche. Die gehören in die Generation, die sich manchmal schuldig fühlt, und es ist dann ein Eltern-Kind- oder Generationenproblem; manche fühlen Verantwortung ... aber ganz viele leben und essen gut mit dieser wunderbaren Verantwortung, die sie vielleicht sogar übernehmen wollen und natürlich wollen, daß sich so etwas nie wiederhole. Da haben deutsche Meister über ein Heer an Zwangsarbeitern befohlen. Und die Stimme des DGB ist so schrecklich leise. Wer gibt den 80jährigen ihr Geld? Wie läßt es sich lange und öffentlich doch über Verletzungen diskutieren, so lange, bis ein bißchen, ein Fitzelchen Recht eingefordert wird. Ein »Recht«, das in den Entschädigungsfällen auf Grundlage »rassischer« Verfolgung auch in den Festlegungen, die mit dem Central and Eastern European Fonds getroffen worden sind, ohnehin an den Nachweis derzeitiger wirtschaftlicher Not gebunden ist und nicht an den Nachweis der erlittenen Schädigungen an Leib, Seele und Gesundheit, Vermögen. Also um »Recht« geht es ohnehin mehr im symbolischen, nicht im tatsächlichen Sinn: was eben eigentlich Recht der Betroffenen wäre.

Die öffentlichen Arbeitgeber, als Staatsinstanz moralisch besonders in der Pflicht – könnte man meinen, wenn man »gläubig« ist –, benehmen sich so, als sei ihre Aufgabe mit der Funktion als Pressesprecher und wohlwollender Sachwalter erfüllt. Waren sie nicht die Umschlagplätze und Verteiler? Hielten sie nicht Sklavenmarkt? Haben sie niemanden beschäftigt? Mir ist noch keine Untersuchung zu Ohren gekommen, die wenigstens begonnen hätte, das Ausmaß dieser »Beschäftigung« zu eruieren. Graf Lambsdorff war wie stets optimistisch, was die Einigung betrifft und die Regierung Schröder sprach eingangs von zügigen Angelegenheiten. Ich glaube, sie wollten Auschwitz auf keinen Fall mit ins nächste Jahrtausend nehmen. Vor ihrer Zeit hatte es einen kleinen Haufen Aufrechte gegeben. Die haben sich in »Wiedergutmachungs«angelegenheiten vertieft – (Wahl-)Stimme hin, Stimme her. Da gab es eine Geschichte. Die neue Regierung mußte offensichtlich überhaupt erst von der Bedeutung des Themas überzeugt werden. Wer hat das wissen können? Da war von einem freundlichen Holocaust-Denkmal die Rede, das zum Besuch einladen sollte und von »Material«, das man dort plazieren wolle. Gemeint ist das Projekt Videothek der Spielberg-Foundation, in dem Menschen Zeugnis ablegen. Wie die über achtzigjährigen Kläger, die Zwangsarbeiter waren, sind sie unangenehmerweise teils noch lebendig. Was kostet die Betroffenheit? Oder war das derart schnöde nicht gemeint? Wollte man mehr an die innerliche Einkehr denken. Die Deutschen haben doch noch Glück, daß sie keine Forderungen aus der Deportation belgischer Arbeiter im Ersten Weltkrieg gestellt bekommen.

Die Wahrheit und die Unwahrheit: – da gehen Regierungen aller Couleur, will sagen, CDU und SPD und so weiter, nach Polen und Prag und seltener, aber doch auch nach Rußland, Hände schütteln, teils zu Jahrestagen. Versuchen eine behutsame Figur abzugeben mit ihrer Geschichte im Gepäck, dem Überfall, dem Ausrottungsfeldzug gegen den »slawischen Untermenschen« und und. Zu Hause in Saarbrücken starten die Kollegen eine Anzeigen-Kampagne: Unsere Väter waren keine Mörder. Als Soldat war der später Philosoph gewordene Österreicher Paul Feyerabend unterwegs. Er schreibt in *Zeitverschwendung*: »Einmal sah ich, wie ein riesiger Infanterist etwa zweihundert Meter von mir Zivilisten, Männer und Frauen, in einen Keller drängte und dann eine Handgranate hinterherwarf. »Warum macht er das?« fragte ein Soldat, der neben mir stand. Später erlebte ich, wie ein kleiner, gemein aussehender Kerl einen Zivilisten mit einem Kopfschuß umbrachte. Diese Ereignisse schockierten mich nicht, dafür waren sie viel zu seltsam.« Die Bundeswehr unterrichtet in der Geschichtswissenschaft vom »Vernichtungsfeldzug« und gleichzeitig finden wir zu Beginn des Jahres 1999 den öffentlichen Aufruhr über die »Zumutung« einer Ausstellung, die eben das über die deutsche Wehrmacht ans Tageslicht bringt. So haben wir zweierlei Wahrheiten. Hier die Tat: die Verbrannte Erde und dort einen Mangel an Tätern. Es ist wie mit den Nazis. Mit denen habe ich keine Probleme, beziehungsweise nur eines: ich finde keine. In den Familien, in den persönlichen Biografien – keine.

Umgekehrt übrigens verhält es sich mit den Akteurinnen und Helden des November 1989. Bei ihnen besteht das Unangenehme darin, daß sie immer noch da sind. Jetzt hat man eigentlich keinen rechten Bedarf mehr an ihnen; muß sehen, daß es mit der Realität weitergeht. Und da dürfen auch Menschen am demokratischen Aufbau mitwirken, deren Taten für die »Firma«, das Ministerium für Staatssicherheit, oder in anderen ähnlich konstruktiven Zusammenhängen, sie als welche auswiesen, die für demokratische Gefühle nicht empfänglich gewesen sein dürften.

Es gibt keinen fließenden Bezug, wenn ich darüber rede, daß ... Opfer noch am Leben sind, manche ... was soll man mit denen machen? Merkwürdigerweise wird da immer wieder ein Zusammenhang behauptet zwischen dem Mangel an bezahlter Arbeit in den ostdeutschen Ländern und dem Problem der moralischen Integrität. Einer gewissen wenigstens. So hat der Schriftsteller Jürgen Fuchs, der sein Leben lang gegen das miefige Feige und hinterhältig Doppelbödige angegangen war, posthum eine Ehrung erfahren, die dem Lebenden immer versagt gewesen war. Wer jetzt an sein Grab tritt, das ihm die Angestellten – sind doch normale Angestellte, oder? Mit Anspruch auf gewerkschaftliche Rechtsvertretung und ...? – von Hohenschönhausen, Gefängnistrakt mit Wasserzelle und anderen Schikanen, frühzeitig bereitet haben, kann Lob spenden und seine Achtung aussprechen. Wo sie doch beide um die Unterlassung wußten – der Tote und der, der nun an der Hommage teilnimmt; sie wußten, wie es im intellektuellen Betrieb als gestrig und unmodern angesehen worden war, eine Moralität einzufordern, eine gesellschaftliche Verantwortung. Er wußte, wovon er sprach, hatte den in Stasi-Haft getöteten Freund nie vergessen können; bekam von

der DDR den Krieg mitten im West-Frieden Berlin gelie-
fert: Tag um Tag gegen Kinder und Frau.

Der Stachel, der in das Herz eines Menschen oder einer
Gesellschaft gesenkt wird, wenn zu nicht passender Gele-
genheit weiter und geradezu aus Prinzip darauf bestanden
wird, die Wahrheit an ein Licht zu zerren, in dem eigentlich wer überhaupt stehen will? Wo offenkundig die Ib-
sen-Frage aufgeworfen ist: wem nützt das? Wenn wir
nicht lügen, müssen wir vielleicht auswandern; wie die Juden, die jetzt alt werden, ihre Orte verlassen müssen, damit sie vielleicht in München oder in Frankfurt am Main
oder Berlin wenigstens unter Juden und nicht unter Nazis
Pflege erhalten können und schwach sein dürfen. Nicht,
weil sie von der Todesdrohung träumen. Das tun sie sowieso. Nein, weil sie real wäre; im Zimmer nebenan oder
aus dem Bett des Nachbarn.

Wenn die anderen nicht lügen, könnten sie ihren Eltern
oder Großeltern nicht ins Gesicht sehen. Hätten die Kinder vielleicht keine Opas, und das wäre doch auch nicht
schön. Wie der freundliche SS-Herr, der jetzt über achtzig Jahre alt ist, das Bundesverdienstkreuz für Bergwan-
dern und ähnliche Verdienste bekam, und jetzt von der
Staatsanwaltschaft Stuttgart in Haft genommen wurde,
nachdem einer aus den USA keine Ruhe gegeben hatte,
bis er die Nachricht veröffentlicht hatte, daß der Mann
sieben jüdische Menschen an einem Tag bei Theresienstadt getötet hatte. Dreihundert Kameraden, befragt als
Zeugen, hatten heutzutage davon nichts gewußt. Ich
glaube nicht, daß man behaupten kann, Ermittlungen dieser Art würden eifrig betrieben. Obwohl es eine andere
Generation ist bei den Justizbehörden oder bei denen, die
sich in die Akten einarbeiten, die auch nicht zahlreich
sind. Die Spezialisierung auf die NS-Geschichte ist eine
berufliche Sackgasse in Deutschland.

In den Clans, die eng involviert waren, werden Ausrei-
ßer oder Renegaten vor eine eigene Gerichtsbarkeit ge-

54

bracht, wenn Sie verstehen, was ich meine. Oder profiliert sich die Bundesregierung mit Auslieferungsanträgen nach Argentinien? Nicht, daß ich wüßte. Jedenfalls hatte die Wahrheit um diesen alten Mann aus Stuttgart keiner erbeten, bis sie von einem aus den USA aufkam; wie auch welche aus den USA die Fonds für Osteuropa schlußendlich der vorherigen Bundesregierung abgetrotzt hatten; und wieder sind sie es, die die Zwangsarbeiterfragen vortragen. Mögen das welche für »unappetitlich«, »überzogen« oder sonstwas halten. Von deutschen Selbstreinigungsbedürfnissen, geschweige denn Initiativen kann da ernsthaft nicht gesprochen werden.

»Danket dem Herrn« soll es von den Kirchenglocken zum Beginn des nun zu Ende gegangenen Jahrhunderts geläutet haben und auch damals stritten sich die Leute, ob das Jahrhundert dann schließlich mit Absolvierung des Jahres danach erst vorübergegangen wäre. Dann, hörte ich, habe man das »Danket dem Herrn« auch gesungen, als die Kriegsgefangenen aus der Sowjetunion heimkamen und immer wieder ist es gebraucht worden aus den unterschiedlichsten Anlässen. Als welche aus dem Exil zurückkamen, mußten sie sich diesem Singen anpassen und sangen also mit für die, für die dem Herrn gedankt worden war.

Wir fahren mit einer gewissen Abstraktion besser; besser als mit dem Konkreten, doch nie das Ganze erfassenden Einzelnen. Im Theoretischen können wir uns dann entscheiden, ob wir für Habermas oder für Walser sind. Das mit Sloterdijk lasse ich jetzt mal weg. Wie außergewöhnlich ist es in der europäischen Rechtsgeschichte, daß ein Diktator, einer, der gemordet hat, vor Gericht gestellt wird. Und wie schwierig war und ist es im Konkreten, bis das dann stattfindet. Deshalb ist die Sache mit Pinochet so außergewöhnlich.

Daß einer aus den Zeiten der Diktatur erklärt, daß diese zu ihrer Zeit die unbestrittene Legalität verkörpert habe und damit unter demokratischen Umständen nicht zu verantworten sei, hat vor dem Menschenrecht, in einer Gegenwart also, keinen Bestand. Diese Haltung hat zum ersten Mal, seit ich denken kann, europaweit Zustimmung gefunden. Das könnten wir uns für Deutschland doch noch einmal durch den Kopf gehen lassen, was das bedeutet: für den Umgang mit den Tätern und für den Umgang mit den Opfern. Mir kommt es immer so vor, als seien diese Entschädigungsfragen so etwas, das auf der Bundesrepublik recht schwer lastet. Es ist so eine merkwürdige Überhöhung da, als ginge man, gebeugt unter der Knute des Versailler Vertrags. Jeder weiß, daß die Summen, um die es geht, vergleichsweise lächerlich und bescheiden sind. Kann man nicht finden, die Leute haben genug gelitten; es ist das mindeste, was wir tun können, und das tun wir? Wenn die Bundesrepublik nicht die Rechtsnachfolgerin der deutschen Diktaturen ist, löst das die Frage nach der politischen und persönlichen Verantwortung keineswegs.

Manchmal haben wir den unbedingten Wunsch, lieber die Dinge auf eine höhere, will sagen, mehr innerliche Ebene zu transportieren. Wo höchstwahrscheinlich eine bestimmte Generation – es handelt sich um die Generation der Revolte – damit befaßt ist, daß sie erben wird. Egal welcher Herkunft das Erbe. Und dann?

Dann danken wir dem Herrn?

1939

zogen sie von Johannisthal nach Berlin Prenzlauer Berg. Im Bericht an die Entschädigungsbehörden schrieb sie, daß sie den Umständen entsprechend weggezogen wären. Das Kind muß in diesem Jahr geboren worden sein. Warum sind sie nicht abgehauen, warum denn nicht? Sie zogen in die Bornholmer Straße. In der Prenzlauer Allee wohnten die Eltern. Da waren sie alle Schneider und nicht wohlhabend. Dicht zusammengerückt. Wo sollen arme Leute, die noch nie im Ausland gewesen waren (außer in Belgien im Ersten Weltkrieg, um bei der Wahrheit zu bleiben), mit einem neugeborenen Baby im Arm eigentlich hinwollen?

Ich finde, sie hatten viele Schallplatten; Schallplatten und Bücher – im Wohnzimmerschrank, mit nur einer Garnitur Geschirr und Besteck darinnen. Wie gebildet sie waren, denke ich. Was heißt hier gebildet ... wenn ich mit der Straßenbahn nicht fahren darf, fahre ich nicht mit der Straßenbahn, gehe dann halt um den Block und lese. Oder durfte sie noch fahren.

Sie muß noch sehr jung gewesen sein, diese Mutter mit dem Schulabschluß vom Grauen Kloster und dann umständehalber Lehrling in einer Farbenfirma, bis sie die Lösungsmittel nicht vertrug. Schallplatten gegen den Nationalsozialismus. Ich vermute Mahler, Gustav Mahler. Aber es ist nur eine Vermutung. In den Inventarlisten stehen keine Titel. Joseph Schmidt bestimmt auch – ein warmer, triumphierender Tenor. »Ein Stern fällt vom Himmel, ein silberner Stern ...« Den trugen sie am Revers. War später. Wo war die Boveri in diesem Jahr, ich muß das nachgucken – Margret Boveri ... Die Deutsch-Amerikanerin, die für das Berliner Tageblatt schrieb, als es schon einen Schriftleiter hatte. In Italien vielleicht. Johnson versteht nicht: »...daß Ihr Selbstverständnis sich mit diesen Vorfällen vertragen hat, nicht nur indem Sie in Deutschland blieben, sondern indem Sie durch Ihre Mitwirkung die Zeitung möglich machten. Haben Sie denn nicht befürchtet, daß Sie mitvergiftet werden?« Sie antwortet: »Vergiftung«»nie, Verrohung schon.« Die Angaben stimmen nicht – war schon Frankfurter Zeitung.

Nelly Sachs, war die schon weg? Hatte sie sich und die Mutter schon gerettet an einen dunklen Küchentisch in Schweden? Martha Liebermann, noch am Pariser Platz, Witwe geworden; Geisel für Erpressungsgelder der Nazis, weil sie raus wollte. Haffner raus?

Warschau–Paris–London! Die singen seit 1914 *Gott strafe England.* Sollen zunächst einmal nicht so recht begeistert gewesen sein wegen Polen. Schließlich sind die Soldaten aber doch wieder gut marschiert. Auch wachsend mit Freude. Juden konnte man killen gehen, ohne die Blicke von Leuten aus dem eigenen Viertel, sofort. Zu Hause fing die Lebensmittel-Rationierung an. Können Sie sich vorstellen, was Bezugskarten für Untergetauchte bedeuten? Jedenfalls waren die »fetten« Hitler-Jahre gerade verstrichen, die KZs wieder angefüllt ... Der Luxemburg-Mörder war eigentlich noch nicht zu alt zum Mitmachen ... Im Außenministerium saßen die Vertreter aus den Familien, die immer schon einem Vaterland oder Feldherrn dienten.

Felice Schragenheim wird ihr Zuhause verlieren, weil der Haus- und Schutzherr, der nicht-jüdische Stiefvater der jüdischen Freundin, stirbt. Nicht daß Sie denken, sie hätte diese Aimée schon ewig gekannt. Das war vier Jahre später. In der Not frißt der Teufel Fliegen, sagte meine Mutter, und wir hatten immer viele Fliegen zu Hause. Die hingen an Klebebändern von der Decke herab. O.K. Erich Fuchs kann verschiedene Straßen in Berlin nicht mehr überqueren, weil die rassisch gesperrt waren. Wer Erich Fuchs ist? Oh, niemand. Nur Erich Fuchs. Später auch »dahingekommen« oder »weggekommen« oder »nicht mehr da«.

Ich kann nicht gerecht sein, kann nicht gerecht sein. Der Tote hat nichts mehr davon und der Lebende, kann er dann mehr davon haben? Hat er nicht gleich ein »Judenhaus« gekauft. Oder doch sofort. Denn später wird sowieso alles eingezogen. »Judenhaus« klingt wie Waisenhaus oder Armenhaus oder Krankenhaus. Es muß also irgendwie eine Gattung Haus sein, dem eine Bestimmung verliehen sei. Jetzt leben immer noch welche in meinem Judenhaus.

1939

Zweiter Versuch: Blaukraut bleibt Blau
Und Blau bleibt die Braut
Wird Blei meine Braut
Stalin – Hitler – Rezession in USA. Ich sehe einen
Herrn mit runden Brillengläsern versuchen, eine Anstel-
lung als Buchhalter zu finden. Der Herr ist Jude und heißt
Henry Miller.

Spanien Spanien Radio Barcelona Radio Barcelona Radio Madrid wurde zerstört als die Russen die Bombe war-
fen wer konnte denn ahnen daß die Russen ... Buber-
Neumann verkaufen zwischen den Lagern eine Frau.

In Gleiwitz spielen welche Räuber und Gendarm und
werden die Erde aufessen bis nichts mehr übrig sie essen
bis ihre Bäuche platzen haben eine Menge Menschen mitgenommen in ihre Grabstätten, die heißen dann Kriegs-
gräberfürsorge oder VdK mit Anstecknadeln.

Derweil hängen die Himmel über Berlin in der Bläue
der Schlote. Das Pferd des blauen Reiters trabte über Ver-
dun. Kehrte nicht mehr an die Normandie zurück, auch
nicht, als es wieder möglich war.

Andererseits tobt es in den Nächten, als ahnten die
Leute. Beine wie bei den Folies Bergères. Und immer wieder der blaue Engel. Marlene ist aber weg, schon weg oder
gleich weg. Fasanen eignen sich für die Tafeln der Jagd-
gesellschaft, sagen die alten Meister. Ich möchte mein jüdisches Dienstmädchen behalten. Heute abend sang

Slezak wundervoll. Das Grab in Rottach-Egern, sehr gepflegt mit üppigem Geranienschmuck. Oft hat er es besucht, das Kind von seiner Margarete. Das hat sein Führer zur Napola gebracht ... gebracht, gelacht, gebracht, gelacht. Leo hat zusammen mit seiner Frau einen Juden an Eichmanns Schreibtisch vorbeigerettet. Das wurde später für die Entnazifizierung wichtig.

Im Konfirmandenunterricht sprachen sie mir das Wort Heiland vor. Ich konnte es nie so richtig.

Später in der Schule fiel meine Schwester auf, wie sie so alt war und nicht lesen und schreiben konnte. Die anderen waren immer noch weg. Und tot. Als sie dastand in ihrem kurz gewordenen blauen Kleid.

Das klingt so verschlossen, sagen die Leute.

Übrigens: die meisten Juden hat der Führer selbst gerettet, damals schon.

»Aimée und Jaguar«

Über einen deutschen Film von Max Färberböck

Liebe, Erpressung, Widerstand und Habgier – alles ist möglich und zwar gleichzeitig. Was stimmt denn eigentlich?

Es handelt sich um folgende Ingredienzien aus einer Geschichte: erstens, eine lesbische Liebe; zweitens, eine gute Deutsche, die mit ihrer jüdischen Freundin Bett und Tisch teilt und sie mitessen läßt aus der Lebensmittelkartenration ihrer Kinder; drittens, das Grauen des Nationalsozialismus in Gestalt brennender Panzer und heruntergekommener SS-Offiziere; viertens, Deportation der jüdischen Freundin; fünftens, eine leidende Hinterbliebene und sechstens, ein bißchen, ganz dünn freilich, fällt der Satz: bin ich wohl schuld; wenn ich schuld hätte …, so die deutsche Freundin als gealterte Dame, wie sie so über einen ausgedehnten Park ihrer Altenheim-Anlage zuschreitet. Die Deutsche »Aimée«, mit seinerzeit deutlich positiven Gefühlen gegenüber dem Nationalsozialismus – schläft gerne mit SS-Männern –, trifft dann schlußendlich in hohem Alter auf die seinerzeit linkspolitisch orientierte Freundin ihrer ehemaligen jüdischen Geliebten, und sie scheinen ausgesöhnt zu sein?! Worüber? Über die Ermordung der gemeinsamen Bekannten, bei der die Frage einer Mitschuld im Raum steht?

Anstelle einer Geschichte gibt es nahezu stehende Milieu-Bilder; manchmal fühlt man sich an die Requisitenkammer eines Theaters erinnert. Aufgeplusterte Szenen über lebensfrohe Mädchen-liebt-Mädchen-Parties, währenddessen der Bombenhagel über Berlin niedergeht. Oder eine Nacktkörper-Session bei einem oppositionellen Fotografen, der die Frontsoldaten auch noch mit Jewish female bodies zersetzt. Die Kamera scheint hin und wieder von der überschwappenden Liebe selbst überwältigt, eine Neigung zu Kitsch – brennende Kerze, kleines Liedchen – ist unübersehbar. Im übrigen ungebremster Einsatz der breiten Colorpalette. Die Zuschauerin erfährt in jeder Sequenz via Farbtönung, ob es jetzt um gut oder böse geht. Der Zuschauer erlebt die »Wahrheit« – Tod, Jüdin, dunkle Haare, klug (Maria Schrader) – arische Liebhaberin, hellerer kräftiger Typ, nicht so belesen, aber Seele (Juliane Köhler), deren schauspielerische Leistungen in Hollywood beeindruckten und in Berlin mit einem »Silbernen Bären« bedacht wurden. Der Film wird wesentlich als Inszenierung eines wirklichen Lebens aus der Metropole Berlin im nationalsozialistischen Deutschland promotet, vor allem durch die als Zeitzeugin und Hauptakteurin auftretende Lilly Wust.

Das Leben der in Auschwitz getöteten Jüdin Felice Schragenheim scheint durch die Akteurin »Aimée«, real Lilly Wust, hindurch und über diese vermittelt. »Jaguar« – im Kosenamen eine grotesk absurde Verkehrung darüber, wer hier Jäger und wer hier Gejagte ist. Das ist eine Übernahme aus dem gleichnamigen Buch, in dem die Geschichte bereits so angelegt ist, daß wir letztlich erfahren, wie sehr die Nicht-Jüdin, Kosename »Aimée«, leidet. Sie steht im Vordergrund, packt aus, berichtet großzügig von ihren sexuellen Höhepunkten, diesem und jenem. Durch den Filter ihrer Person erfahren wir von der Verfolgungsgeschichte der Jüdin, die die Deutsche »Aimée« wie in einem Mysterienspiel auf sich nimmt und posthum zu ihrem Leiden macht. In Talk-Sendungen in Deutschland verstieg sich die authentische, nun schon betagte »Aimée«, Lilly Wust, zu der Bemerkung, die Tote erscheine ihr gegen Abend. Statt Hitler-Bild ist nun ein siebenarmiger Leuchter in Betrieb. Und – mit dem jüngst zur Welt gekommenen Baby der Maria Schrader sei nun wieder eine wunderbare Felice auf der Welt.

Tja – warum also der Rummel über eine solche Geschichte? Lilly Wust wurde mit der Auszeichnung ›Gerechte unter den Völkern‹ durch Yad Vashem geehrt. Schon das gleichnamige Buch von Erica Fischer, das zuerst 1994 erschien, hatte großen Erfolg. Warum? Mit dieser Geschichte konnte man jedem sagen, es ging doch! Widerstand ging doch, auch in der kleinsten Hütte und unter schwierigen Bedingungen; die Leidenschaft dieser Liebe schien Berge zu versetzen und der dämonisierte Realterror der Nationalsozialisten schien vor dieser Liebe gescheitert, wenigstens eine Zeitlang. Die Protagonistin »Jaguar« wurde getötet, das war natürlich zum Heulen, buchstäblich zum Heulen, aber etwas Trost blieb doch übrig, weil sich diese »normale« Deutsche, »Aimée«, mit ihren vier Kindern etwas getraut hatte, und das war doch auch was.

Zupaß kam mir die Geschichte damals, weil ich wollte, daß man sich aus diesen rigiden Vorstellungen von Widerstand verabschiedete, nach denen nur die Arbeit in politischen Gruppen – Flugblatt verteilen oder ähnliches – diesen Namen verdiente. Wie aber nennt man das, wenn sich die Jüdin Felice den Nazis entzog, individuell auf dem Sammelplatz nicht erschien, in die »Illegalität«, wie man es nannte, abtauchte usw. Daß die treibende Kraft eines »Widerstehens« im Fall der Geliebten »Aimée« die Liebe gewesen war und ihr ohne diese Liebe wohl nichts und gar nichts weiter eingefallen wäre, störte mich nicht. Warum nicht aus Liebe?! Dachte ich. Auch gab es kurze Zeit später aus Frankreich ein bewegendes Buch über den Mut einer Frau, das explizit den Titel trug »Heldin aus Liebe« Eine Frau kämpft gegen die Gestapo von Lucie Aubrac.

Ob aus dem Glauben heraus, der politischen Anschau-

ung wegen, aus Liebe, oder warum auch immer; wenn wer Juden rettete, wollte mich das Motiv nicht weiter interessieren. Hauptsache, es hatte stattgefunden. So übersah ich Merkwürdigkeiten, Klischees, Ergüsse des Herzens, die in seltsamem Kontrast standen zum Verlauf der realen Verfolgungsgeschichte der Geliebten »Jaguar«.

Ich übersah Behauptungen und Aussagen, die sich in deutlichem Gegensatz befanden zu dem, was man von dem Berlin der 40er Jahre, der Jagd auf Juden und der Omnipräsenz der Nazis wußte. Deportationslisten, Versiegeln der Wohnungen, Kammerjäger; der jüdische Lockvogel Stella Goldschlag war unterwegs. Andererseits gibt es in jedem Horror auch das Unglaubliche, ach! und eben diese Liebe verklebte mir die Augen.

Mit Erscheinen der 2. Ausgabe des Buchs bei dtv, 1998, traten die widerstreitenden Angaben eigentlich offen zutage. Mittlerweile hatten sich Zeitzeuginnen gemeldet; eine, hier genannt Elenai P., die sehr eng mit der getöteten Felice Schragenheim befreundet war und vor deren Liason mit »Aimée« mit ihr zusammengewohnt hatte, beide zugehörig einem Kreis jüdischer junger Leute, die sich weiter trafen, sich subversiv Nachrichten über die Lage verschafften, sich Ausweise organisierten und einander Mut zusprachen.

Elenai P. lebt, hat überlebt und machte Aussagen, die in unübersehbarem Gegensatz stehen zu der Gloriole, die »Aimée«, real Lilly Wust, um ihre Liebe geflochten hatte. Da geht es zum Beispiel darum, daß die Geliebte »Jaguar« gesteht, endlich gesteht, Jüdin zu sein. »Jaguar« hat nichts zu verlieren außer ihrem Leben, sie klammert sich ihrerseits an diese Bleibe bei der von ihr becirten »Aimée«, Mutter von vier Kindern, Mutterkreuz, ehemals Hitler-Bild an der Wand. Sie muß hier bleiben, untertauchen, sie hat keine gültigen Papiere. Ein Visum für das Ausland ist abgelaufen, ein anderes ist nicht mehr zu bekommen. Die stolze, schöne und intellektuelle »Jaguar« aus wohlhabendem Haus ist nun liiert mit »Aimée«, einer Frau mit deutlich anderen Interessen und kleinbürgerlichem Hintergrund. Felice Schragenheims Mündel-Konto ist mit ihrer Volljährigkeit im März 1943 vom NS-Staat eingezogen worden. Felice aber (»Jaguar«) soll unbedingt die bei Freundinnen deponierten Kleider und anderen Gegenstände, ihre Rücklage fürs Überleben, abholen und Lilly Wust übergeben. Es geht um einen Pelzmantel, der »Jaguar« gehörte und den »Aimée« ausgehändigt haben möchte, um Wäsche etc. Die Gewährsleute aber stehen zu »Jaguar« und sagen, »nein«, ihr und nur ihr werden sie die Sachen herausgeben. »Bereicherung an den Juden, das war das Übliche«, sagt Elenai P... Die im Buch dokumentierte Geschichte dieser Beziehung belegt eine Serie von »Schenkungen« der jüdischen Felice an die »arische« Freundin: Frauenkleider aus Foulardseide und feinem Leinen, Abendkleid aus Taft. Des weiteren wird der lieben Lilly ein königsblaues Kostüm mit feinem Karomuster beim Schneider auf Felices Kosten bestellt; ein goldener Ring; ein blauer Schlafanzug mit weißen Nöppchen; »die kleine Uhr von Käthe«; im Januar 1944 eine Zahlung von 1000 Reichsmark. Und schließlich geht es um ein Schriftstück, das »Jaguar« – bereits zur Sammelstelle der Gestapo gebracht – für »Aimée« unterzeichnen soll. Sie tut es; sie hätte in dieser Situation alles unterschrieben und »Aimée« wird Erbin. »Jaguar« war während dieser fulminanten »Liebe« stets und jederzeit erpreßbar und ist erpreßt worden? Gerade beginnen die Historiker die Geschichte der Retter zu schreiben. Das war als öffentliche Würdigung gedacht.

Felice Schragenheim hat »ihrer Aimée« Liebesbriefe geschrieben; dauernd, zum Teil mit Anleihen bei Mascha Kalleko –, allen Schwüren dieser Welt, geht einmal der eigene literarische Atem aus – um gegen die Eifersucht »Aimées« anzugehen. Mußte sie? Wollte sie? Oder beides? Es fällt ein Satz, in dem sinngemäß formuliert wird, wenn sie,

»Jaguar«, sich nicht anders verhalte, dann brauche sie gar nicht mehr zu kommen. Wohin kann die »Geliebte« gehen? Es gibt Spannungen, »Jaguar« fühlt sich stranguliert, nach einem Ausflug an der Havel wartet die Gestapo, mit einem Foto, von dem nur zwei als Abzüge existierten. Eines bei jemandem, für die alle gut sagen aus dem jüdischen Kreis, und eines bei der Geliebten »Aimée«. Woher das Foto? Noch im KZ verfolgt Lilly »ihre Jaguar« mit Eifersucht und fragt schriftlich (!) an, ob sie wirklich die einzige und Heiß-Geliebte ist. Nach dem höchst mutig erscheinenden Vordringen »Aimées« bis zum KZ-Kommandanten von Theresienstadt wurde »Jaguar« nach Auschwitz transportiert; sie kehrte nicht mehr zurück. Alle hatten »Aimée« von diesem Unternehmen abgeraten. Sie tat es trotzdem. Wenn nicht aus Berechnung, dann offenbar in einem überbordenden Selbstbezug, in dem die Gefährdung der anderen nicht sonderliche Beachtung fand. – Falls man das Geschehen überhaupt als wahr unterstellt. – Mag sein, das war auch ein Hintergrund ihres schon in Berlin so ungewöhnlichen Drangs, mit ihrer »Schönen« auszugehen, hierhin und dorthin, zu einer Zeit, zu der für »Jaguar« alles, aber auch alles gefährlich war. Überhaupt bleibt diese penetrante Abwesenheit von Angst eine Merkwürdigkeit. Entweder es handelt sich bei »Aimée« um jemanden, der wunderbarerweise keine hat, oder um jemanden, der keine zu haben braucht. Felice Schragenheim jedenfalls befindet sich zu keinem Zeitpunkt in einem »freien« Liebesverhältnis, oder anders ausgedrückt: es hat einen deutlich prostitutiven Zug. Wie könnte es auch anders sein. Die eine hat einen funktionierenden Paß, die andere nicht, wird gesucht, man braucht sie bloß zu finden, und sie ist schon tot. Als »Jaguar« nicht mehr zurückkehrt, präsentiert »Aimée« ihren Erbanspruch mit dem in der Gestapo-Sammelstelle erhaltenen Schein der durch Emigration geretteten Schwester Irene in London. Die ist entsetzt; von »Aimée« ziehen sich die Leute aus dem ehemaligen jüdischen Überlebenskreis zurück. Oder sind die jetzt alle undankbar?! Heute setzt sich Elenai P. nicht mit Lilly Wust, »Aimée«, auf ein Podium.

»Aimée«, Lilly Wust, besorgte sich die grüne Tinte, die ihre Freundin zu benutzen pflegte und übte den Stil der Freundin. Überschwappende Identifikation oder Fälschungswille? Sie behauptet, daß »Jaguar« ihre wirklich große Liebe gewesen ist und immer bleiben wird. Was würde Felice dazu sagen? Sie kann sich nichts verbitten, noch nicht einmal die lebenslängliche Vermarktung ihrer Person als Geliebte. Ein Jahr und fünf Monate. Am 28.7.44 erhält Lilly Wust eine Schenkungsurkunde von Felice Schragenheim; am 21.8.1944 wird Felice Schragenheim deportiert. Also drei Wochen später. In den Krimis kommt an dieser Stelle immer eine Lebensversicherung vor, anschließend der Tote. Das hätte uns stutzig gemacht.

1950 heiratet Lilly Wust, zum zweiten Mal. Das war's dann aber nicht. Und dann taucht viele Jahre später ein Koffer mit diesen Briefen auf. Und – wird ein Film. Es ist schon merkwürdig, wie wir uns die Mutter von vier Kindern im Bombenhagel und Kriegsgeschehen vorstellen dürfen, wie sie da am Küchentisch sitzt und die Liebesbriefe, die sie versendet, vorm Abgeben noch mal abschreibt. Warum eigentlich? Damit die Gestapo was zu finden hat? Schreiben Sie ihre Liebesbriefe ab? Oder gehen Sie zum Kopierer?

Wir wollen das eigentlich nicht, diese komplizierten Figuren, die als Opfer auch nicht geradlinig waren oder vielleicht berechnend, nicht wegen des Lesbischen, nein, wegen des Prostitutiven. Ein sinnloses Wort für welche, die zum Tod bestimmt sind. Ab Bahnhof Grunewald gehen die Judentransporte ab: 1941. Felice ist 19 Jahre alt und ziemlich alleine in Berlin; Sybelstraße 27. In der Nähe liegt heute das Asylbewerberheim. Wo sie dann wohnt, scheint bald nichts mehr zu gehen. Es gibt Spannungen. Resigniert schreibt Felice am 20. März 1942: »Das (ist) das Allerletzte. Denn mein ganzes Leben hier ... wäre umsonst.« Ihre Großmutter Hulda und deren Bruder werden im August 1942 deportiert. Im Oktober weiß sie, daß beide getötet sind. Prager Straße 29. Felice erhält den Deportationsbescheid. Sie wohnt jetzt in der Claudiusstraße bei einem Herrn Hirschfeld. Herr Hirschfeld wird deportiert, und Felice täuscht Freitod vor. Sie lebt am Nollendorfplatz, hat eine Kammer in Friedenau, Kurfürstendamm 10/Halensee, mal hier mal da. Dann schließlich die Lösung: die als Nazi-Frau bekannte Lilly am Roseneck – und der Mut der Verzweiflung. Im Februar 1943 lernt Felice Lilly Wust kennen. Im März 1943 schreibt sie: »Ich kaufe mir grüne Tinte oder einen Strick.« Sie wirbt um Lilly oder »macht sie an« oder beides. In diesem Monat geht einer der letzten »Sondertransporte« ab; ich weiß von welchen aus der Prenzlauer Allee und Bornholmer Straße; »Sm« steht auf den Akten; Kürzel für Sondermaßnahme, »evakuiert« wird vermerkt. Die Vermögensverwertungsstelle beim Oberfinanzpräsidenten Berlin-Brandenburg zieht die Vermögen der »abgeschobenen« – heißt es auf dem Formular – Juden ein. Dann sollte Berlin »judenrein« sein.

Selbst Emigrierte können sich nicht immer vorstellen, was »Illegalität« in Berlin in diesen Tagen bedeutete. Wie die Gestapo Juden suchen ging im Tiergarten und die Denunzianten von nebenan zur Macht kamen. Sind sie nicht fließend, die Übergänge zwischen Abhängigkeit, Prostitution, Liebe, Dankbarkeit und Erpressung? Besonders dann, wenn Felice nicht gehen kann. »Kündigen« war eine Umschreibung für den Deportationsbescheid.

Im Nachhinein zimmern wir uns Verhältnisse zurecht, die unter »freien« Bedingungen vielleicht niemals existiert hätten, aber sehen mit den Augen aus dem nachfolgenden System.

Im Vorwort heißt es, daß die Überlebenden keinen Frieden mit Lilly Wust schließen können und wollen. Nein, können sie auch nicht, wenn da Schuld wäre. Und wenn da Schuld wäre, gäbe es keinen Grund, »Aimée«, Lilly Wust, zu einer Retterin zu stilisieren. Die Buchautorin Erica Fischer äußerte unlängst, ihr scheine es im Film immerhin gelungen, »mit dem Thema nicht voller Schuld, Selbstbezichtigung und Schwere umzugehen.« Nun ja, es gibt wohl Themen, da gibt es Schuld und Schwere und auf Selbstbezichtigung warten die Staatsanwaltschaften noch immer. Die mittlerweile verstorbene Schwester der Getöteten hatte dann noch weitere zwanzig Jahre – bis 1965 – zu tun, bis der deutsche Staat seinen Wiedergutmachungsverpflichtungen nachgekommen war.

Die Frauenbewegung hat die »Liebes«geschichte beinahe kultisch aufgenommen, immerhin wird über lesbische Liebe so geredet, daß alle Heteros annehmen dürfen, etwas verpaßt zu haben. Aber selbst das wird ein wenig zurechtgebogen und die tiefe Beziehung, die Felice zu Elenais Bruder M. hatte, der auch ermordet wurde, kommt nicht mehr vor. Felice wurde als Jüdin getötet, nicht wegen lesbischer Liebe. Die feministischen Reflexionen über nazideutsche Täterinnen waren immer recht spärlich und spät angefallen. Und »Aimée« wirkt entlastend.

Es ist nicht verwunderlich, daß die Geschichte der Felice Schragenheim in der öffentlichen Wahrnehmung in der Bundesrepublik völlig verschwand hinter den Talk-Show-Auftritten der freundlichen alten Dame Lilly Wust. Sie war auf dem besten Wege zur kollektiven Großmutterfigur – und die hatten über ihre führertreuen Zeiten auch eher geschwiegen. Und nicht wenige haben hinterher von Juden gesprochen, denen sie geholfen hätten.

Die Stilisierung zur »Love«-Story, wie die Geschichte im Titel eines Dokumentarfilms über »Jaguar« und »Aimée« genannt wurde, und zu einem – wenn möglich – neuen deutschen Kultfilm entspräche dem fortschreitenden »Wir«-Gefühl. Da haben die Täterinnen schon fast so viel gelitten wie die Opfer, und die Nicht-Opfer sind den Opfern empathisch jedenfalls beinahe gleich. Alle handelnden Personen im Film haben verdeckte Namen, nur »Jaguar« nicht. Sie heißt Felice. Sie kann keinen Einspruch gegen die Darstellung erheben.

Es fehlt nicht mehr viel, bis Auschwitz als das kollektive Massada der Deutschen in eine geläuterte nationale Selbstdefinition eingeht. Opfer sind alle und Erinnerung »gemeinsam«. Die Toten aber könnten beiseite bleiben. Die stören. Überlebende manchmal noch mehr. Ehre, Würde, Vermögen, Leben der Opfer waren schon gestohlen, bleibt noch deren Geschichte.

Auguststraße 14/16

Das Kinderheim

Pavels kalter Atem steht mir vor dem Mund, wenn ich die nackten Oberkörper der Männer sehe. Mit Schere und Hut und Becher, Tuch und dem angehaltenen Wort. Dazwischen begegnet mir eine Frau auf einer Eselin, in einem Raum mit den ordentlich gerafften Gardinen und den Stimmen zu vergangenem Kaffeegeschirr. Heidepark Soltau in Norddeutschland, größter Freizeit-Park, sagt mir der Aufkleber an der Tür, hinter der eine Frau geschrieben hat. »Daddy, I have had to kill you. You died before I had time.«

Manche Arbeiten sperren sich dagegen, begonnen zu werden; manche Bilder dagegen, gesehen zu werden, Worte, gehört zu werden. Und werden. Es ist gewissermaßen niemand schuld daran, ganz persönlich, und doch wird niemand behaupten, wir malten »Gattung«, »Ethnie«, »Volk« oder »Generation«. Beharren auf dem Ich, dem leisen und um sich ringenden Ich und sind doch »wir«, ob wir es wollen oder nicht.

An der Tür sind unten braunschwarze Striche zu sehen. – Wenn man etwas in den Händen trägt und die herausschwingende Tür mit dem Schuh festhält ... oder aufsperrt und dagegentritt, weil sich die Tür sperrt. Als die Tür versiegelt war, brach sie sie auf, nahm ein paar Stücke ihrer Sachen mit und täuschte Freitod vor, mit Abschiedsbrief und so weiter. Polizeirevier 17 war zuständig. Dann wurde sie nach Aktenlage »flüchtig« und ihr Bankkonto

73

vom Oberfinanzpräsidenten von Berlin-Brandenburg eingezogen. Oder die Striche an der Tür rühren von Kindern, die eingesperrt sind und wissen, daß sie auf Zeit wohnen, und nichts gehört ihnen da. Noch nicht mal ihr Herzschlag. Sodaß sie achtlos gegen die Dinge treten. Vor der Ausstellung hält einer Wache, und die Polizei ist informiert. Durch die Dachbalken tropft eisgefrierendes Wasser. Es schlägt auf den Stragula-Böden auf und bildet glitschige Lachen. Dahinter ein Schabbat-Raum mit fünf verschiedenen Nachnamen. Fünf gleiche Nachnamen, wäre das unrealistisch? Fünf gleiche Nachnamen, ja, vielleicht in fünf Erdteilen, aber nicht hier, hier in diesem Haus in der Auguststraße in Berlin im Jahre 1998. Ach nein, ich werde wen finden mit fünf gleichen Nachnamen, Du wirst sehen. Rauchen verboten, Rauchen verboten. Warum raucht ein Idiot im Schabbat-Raum? Die Neonlampen sehen mehr nach Fabrik aus, da kann man nichts machen. Dafür sind die Leuchter in Blau-weiß gehalten. Das geht. Das ist Israel. Lebt. Ich verstehe. Ich lebe auch. Deshalb mache ich Ausstellungen, damit Sie mir glauben. Weiße Tapetenräume fallen mir auf den Kopf, darüber ist alles geblieben, so wie es war. Ich könnte meinen Kopf in den Nacken legen, nicht zu weit, damit ich bis an den Rand sehe. Muß ich darüber sehen? Wenn ich darüber sehe, werde ich ein therapeutischer Fall, sagt meine Schwester, sieh nicht höher. Sieh bis dahin, wo die Tapete weiß gestrichen ist. O.K. ich sehe bis dahin, wo die Tapete weiß gestrichen ist. Wer ißt mit meinen Gabeln und löffelt aus der Terrine meiner Großmutter? Jetzt sind die aus der Klasse so alt wie ich und erben. Ha, die erben von meiner Großmutter und gehen betroffen durch unsere Ausstellung. Eigentlich befinden wir uns ein paar Jahrzehnte weiter vorne, wenn ich das recht bedenke. Warum darf ich denn eigentlich nirgendwo nachgucken, über den Erbbezug von dem und wem, und alles ist doch noch geheim. Warum ist alles so mordsmäßig geschützt, daß ich einen

Detektiv beschäftigen müßte, der mir meine Verhältnisse erkundet; meine Anfragen an die Aktenberge richtet, sich mit Archivaren des öffentlichen Dienstes gut stellt, die ihre Anordnungen haben und liest und sucht, wo er was findet. Wer hat meine Freundin bei der Gestapo denunziert? Warum darf ich das immer noch nicht wissen oder suchen? Ist das ein privates Interesse und kostete darum ein Vermögen und überhaupt, wisse man nicht wegen der Geheimhaltung. Oder ist das ein öffentliches Interesse? Und wenn ja, was soll's dann ... Wenn man an der Decke eine rundweiße milchige Lampenkugel hängen läßt, weiß man, daß das ein Lager war, darinnen leben Menschen rote Tage aus Fenstern; die sind zu nah. Sie stören die Bilder. Die Menschen sind zu groß für diese Zimmer, so fliegen sie über den Dächern, und wir lieben ein wenig vom Stetl, ganz schnell und ganz wenig nur, nur so ein bißchen. Bis es vorübergeflogen ist. Der Großvater überlebte, mit zwanzig keinen Zahn mehr im Mund, mit achtzig keine Wiedergutmachung, nichts. Sie verstehen. Osteuropa. Bin ich im Theater, Vorführung in Pausen? Der Puppenspieler von Lódź. Ach, da ist der arme Mensch an seiner Puppe krank geworden. Über der Zimmertür schrillen Stasi-Lampen auf die starren Figuren. Beim Umschluß Aufleuchten.

Man kann das schon mal verwechseln, ob das jetzt davor ist oder danach. Wer soll hier mit dem Davidstern gespielt haben? Vor diese konstruktivistischen Bleistiftarme kann man keine Handtasche halten. Oder von dem Mantel abtrennen. Sie ragen sperrig in die Gegend. Ich kann mir die Hände waschen im Zimmer. Übergardinen – da wär ein Dibbuk dran erstickt. An den Blumengirlanden.

Wie ich so gehe, fällt mir ein, daß ich keine Juwelen hab. Niemand hat Juwelen, dafür Gold. Das bleibt uns am Charakter hängen, wenn wir jetzt was wiederhaben wollen und immer noch nicht Schluß ist. Jetzt, so viele Jahre danach. Manche sind müde mit mir als Thema. Einer ist zu den Zwangsarbeiterinnen gefahren und hat ihnen eine Summe Geldes angeboten. Die Firma wollte aus den Schlagzeilen heraus. Der Unterhändler berichtet: »Und wissen Sie, die hatten eine ganz eklige Anführerin, so mit rot lackierten Fingernägeln. Die wollte mich von Anfang an entlarven. »Und« ... der Erzähler senkt seine Stimme ...»die wollte Geld, nur Geld, so viel wie's geht.« Tja, so ist das mit den Undankbaren, die wollen sich nichts kaufen für die Betroffenheit. Ich zähle die Zimmer. Zehn werden wir sein, bestimmt werden wir zehn sein, mindestens werden wir in diesen Wochen zehn sein. Aber wir werden Frauen sein oder Schwule oder Schwarz, aber zehn werden wir sein. Wir werden zehn sein und beten. Hörst du!

Nachher sitzen wir bei Orensteins und erzählen uns Witze. Zum Beispiel über den, der nach Buchenwald fährt und weint und sieht sich immer wieder einen Lagerwachturm an. Und ein Mitreisender fragt ihn teilnahmsvoll, ob er einen Angehörigen hier verloren hat, sagt der Weinende »ja«, hat er. »Oh«, sagt der Mitreisende, »war ein Verwandter, nicht wahr?« Sagt der Weinende »Ja, war mein Großvater, hier ist er zu Tode gekommen.« »Weißt du, wie«? Fragt stockend der Mireisende. »Ja,« sagt der Weinende, »Ja. Hier ist er vom Turm gefallen.« »Vom Turm gefallen?« »Ja«, sagt der Weinende, »er saß oben drauf und hat das Gewehr gehalten und in der Nacht zuviel getrunken.« »Oh« sagt der Mitreisende und dreht sich zu uns, »Der Witz ist, es ist kein Witz«. Er hat teilgenommen an einer in der Zeitung ausgeschriebenen Gedenkfahrt. Und da er Ausländer war, hat er nicht weiter beachtet, wie der Veranstalter geheißen hatte. Und so kam es, daß er als Kind der zweiten Generation mit anderen aus der zweiten Generation hingefahren ist, aber es waren die falschen. Da fuhren Täterkinder. Von Argentinien bis Rentenanspruch. Alles.

Nun ja, wahrscheinlich ist das übertrieben. Aber der

Rechtsanwalt vom Stuttgarter Platz, der jetzt das Haus übernommen hat ... Das ist nicht übertrieben. Er ist dreißig Jahre alt, hat etwas Nettes und Gewinnendes an sich. Und wie ich ihn frage, was denn los ist mit seinem Haus, das seine Familie 1939 von jüdischen Besitzern gekauft hat, sagt er, daß die schlecht gewirtschaftet hatten. Das müsse man leider so sagen. Ja, das soll's ja geben. Außerdem war er ein Jahr lang mit einer Jüdin befreundet und habe nun wirklich keine Berührungängste. Ich vermute, er bervorzugt Juden, wenn die da einziehen wollten. Ich werde mich bewerben. Eigentlich erstaunlich, wo die Juden alle herkommen.

Wahrscheinlich aus den USA.

Von Aleph bis Omega. »Do not touch the body of a Jid – I mean it. Seriously.« Still, wenn der Golem aus der Zelle schreitet. Wenigstens hat der Wachmann einmal Angst gehabt. Staub haben wir hier ja genug. Im Becher des Elias ist der Wein vergoren. Das gefällt mir nicht. Wer soll sich setzen? Wer darf hereinkommen? Ja, der Fremde, ich weiß. Stellen Sie sich das mal praktisch vor: wenn der Großvater des Rechtsanwalts käme, was mache ich da. Vielleicht ist es gut, daß der Wein vergoren ist. Vergorener Wein wird zu Essig. Die Kippas der Kinder schwebten über die Flure. Der blaue Reiter ritt an der Mesuse vorbei, parkte vor dem Zimmer 109 und nahm das Kind mit sich. Mit diesem Kind machen wir im nächsten Frühjahr einen Film. Honigwein und Met und Fisch – hurtig Kinder, kommt zu Tisch. Ein altes Lied, dessen Verfasserin unbekannt ist. Ach, könnte ich wenigstens auf den Monbijou-Park schauen, wenigstens bis dahin und sähe Käfer und Gras. Sie fressen unsere Körper auf. Schnell, daß du mich siehst, wenigstens einmal, mich, die jüdische Frau. Wer hat schon mal eine jüdische Frau gesehen. Du mußt noch nicht einmal durchs Schlüsselloch sehen. Wenn ich hier schlafen müßte in dem Haus, in dem einmal die Füße von vielen Leuten die Treppen hinauf und hinunter liefen? Ich will nicht, daß das Haus verfällt. Ich kann das Haus nicht bewohnen. Das Haus hat zu viele Türen, die stehen offen, Tag und Nacht. Hören Sie die Türen nicht?! Ich höre sie im übernächsten Wohnviertel. Und im Viertel danach.

Die Kippas und Polizistenmützen aus den Zeiten danach sehen aus wie ein Mobile. Der Wind treibt sie umeinander. Einmal hat sich der Wach-Polizist die Kippa aufgesetzt, gab mir seine Mütze zum Halten. Es war nur Spaß.

Fußwaschbecken, Becken für Wäschestücke, gefliester Boden, gekachelte Wände – acht Schüler sind in SED-Zeiten von hier einmal in den Westen geflohen, Max-Planck-EOS. Mehrfachnutzungen waren nie verboten. Bloß mit den Waschküchen und den Juden, das wird nicht mehr gehen. Das geht nie mehr. Scheinwerferleuchten gleiten über den Sand vor dem Gebäude. Wir haben genug damit zu tun, nach draußen zu gehen; so als gingen wir immer unter Scheinwerfern nach draußen. Manchmal sehen wir uns wieder – in den Sitzungen für die Leute danach. Wir sind danach. Die, die dabei waren, sind einsam. Wir zerbrechen an ihren erzählten und verschwiegenen Geschichten. So sind wir auch einsam. Und mit Ende Vierzig die Kinder – von Beruf, berufen worden, lebenslänglich nicht entlassen. Wir wehren uns nicht.

Meine Freundin sagt, sie ist kein Opfer. Sie ist Tänzerin. Ich stoße an mit ihr auf ihr neugeborenes Kind. Wenn sie aus dem Fenster sieht, schaut die goldene Kuppel der Synagoge, die keine mehr geworden ist und wohl auch keine mehr werden wird, bei ihr am Klingelbrett vorbei. Ich stimme ihr zu, ich strenge mich an.

Sieh hin, sagt sie, wie schön sie ist. Es ist Mittwoch oder?

M. Walser

I

M. Walser hielt eine Friedenspreis-Rede. Darin spricht er von seinem Mitleid für einen West-Spion, der nach der Wende zu zwölf Jahren Gefängnis und einer Geldstrafe verurteilt wurde. Danach folgen Äußerungen über Auschwitz als »Einschüchterungsmittel oder Moralkeule«, über Verharmlosungen von Auschwitz, die keine seien, und darüber, daß es unerträglich sei, »die deutsche Geschichte – so schlimm sie zuletzt verlief – in einem Katastrophenprodukt enden zu lassen«. Der Schriftsteller bittet darum, der Bundespräsident möge Herrn Rainer Rupp gehen lassen.

Jürgen Fuchs bot Rainer Rupp, alias Topas, an, ihn einmal durch die Magdalenenstraße, sein Stasi-Gefängnis, zu führen. Weil Jürgen Fuchs starb und sich Rainer Rupp nicht bei ihm meldete, ist es nicht dazu gekommen. Walser hat sich auch nicht bei Fuchs gemeldet.

Ich will ihnen in die Ohren schreien, denn ich schreie schon lange – kennen Sie Edvard Munch? Es interessiert mich eigentlich nicht, ob Martin Walser bei »Judenmord« Ohrenschmerzen bekommt oder Monika Maron zittert. Manche DDR-Bürger meinen ja, sie hätten das Thema schon gehabt. Andererseits bin ich beleidigt worden, ich und viele andere. Ich, Jüdin, eben. Wegen der Respektlosigkeit, mit der einem öffentlich mitgeteilt wird, man soll einer Mehrheit mit seiner Geschichte nicht auf den Wekker gehen, so wie man einer trauernden Frau sagt, du hattest ein Jahr, nun ist es gut. Kehre zurück in die »Normalität«, was immer das sei und wer immer darin herumstehe, und ist es ausgerechnet der Mörder. Wegsehen kann sowieso jeder, aber dazu aufrufen ist doch herzlos, nicht wahr? So geht einem der Trauernde auf die Nerven mit der nicht enden wollenden Klage, und das Täterkind reklamiert noch, daß es sich auch längst von den Toten – von welchen Toten wohl? – verabschiedet habe.

Vor allem ist es so, daß ich mich jetzt dringend an der Seite von Ignatz Bubis befinde. Natürlich. Warum? Weil ich Herzkalte nicht leiden kann. In Wirklichkeit möchten die Sprecher doch sagen, daß sie den 9. November, jedenfalls in Bezug auf die »Reichskristallnacht«, den Tag des »Gedenkens an die Opfer des Nationalsozialismus« – ich hab im Kalender nachgesehen und kann jetzt mühelos wiedergeben – und den 8. Mai und Kapitulation und das Ende des Ersten Weltkriegs und das und das ... ach ja, noch 20. Juli – satt haben und keine Lust, an solchen Tagen reden oder zuhören zu müssen. Soweit ich weiß, sind die Geschäfte offen. Man kann dann einkaufen gehen. Aber sie wagen es nicht zu sagen, daß sie auf diese Tage verzichten möchten – gewissermaßen wegen eines Überangebots an Aufklärung, die sie nicht nötig haben. Dresden ist auch noch dazugekommen. Wegen der Bombenangriffe und da und da. Aber das gehört vielleicht zu einem anderen Thema. Es fehlen gewissermaßen die positiven Feiertage – Tag der Gründung der BRD oder des Nationalstaats oder der Tag, an dem Alwin Schockemöhle das Springreiter-Turnier gewann oder Neckermann die Dressur, der auch berühmt wurde, weil er den arisierten Nachkriegskonsum prägte – selbst für ärmere Schichten. Mir tut das auch leid, bestimmt. D-Day kommt ja auch

nicht infrage, der Tag, an dem die Amerikaner trotzdem in der Normandie landeten. Vielleicht können wir wieder Muttertag zum Nationalfeiertag erheben, das wäre wahrscheinlich immerhin natürlich.

Walsers Rede ist eigentlich steinalt, von damals nämlich, als ein Bürgermeister sagte, die Schonzeit für Juden sei vorbei.

Und weil er eine doch sehr private Geschichte öffentlich bekanntgab, nämlich die, wenn er wegsieht, erzähl ich ihm eine andere Geschichte, nämlich darüber, wie ich hinsehe, sogar dann, wenn meine Schwester im Badezimmer ist, was mich ja eigentlich nichts angeht, – und so – oder wenn ich bei Bekannten zu Besuch bin, was jetzt Walser nichts angeht – und so – oder die Geschichte über die Tochter, die ist auch interessant.

Erst die bei Bekannten:

»So, die Schwester hat auch überlebt?

Na ja, die kann sich sicher nicht mehr erinnern.«

Wie kommst du darauf, daß sich niemand mehr erinnern kann?

»Du hast da doch sicher auch nichts mitbekommen.«

Wie kommst du darauf, daß ich nichts mitbekommen habe? Hast du auch nichts mitbekommen in deinem Haus? Erinnerst du dich an die Geburtstagsfeier mit deinem Freund, dem alten Mann, der erzählte, daß er Gutachter war. Sagte, ich arbeitete als Gutachter – als Arzt. Ich sage, ja, wo arbeiteten Sie denn als Gutachter und Arzt. Ja, vor Gericht, sagt er, vor Gericht, natürlich. Ich rückte von ihm ab. Es handelte sich um Nazi-Deutschland. Was gutachtet einer in Nazi-Deutschland? – Oder die Geschichte von dem, der ein Verleger ist und mit mir nie ein Buch gemacht hat – es kam irgendwas dazwischen. Und doch ist er immer in Verbindung geblieben, und wie er mein Warschau-Buch sah, erzählt er, daß sein Vater Arzt gewesen war bei der Truppe und daß er einer der ersten war, damals in Polen. Und ich – ich weiß, daß sie als erstes in Polen eine komplette Besetzung eines Krankenhauses umgebracht haben: die Patienten, die Ärzte, den Pförtner und die Krankenschwestern. Da war die Angelegenheit im Reich noch geheim. Ach, und diese Lehrerin, die mir erzählt hat, wie sie eine jüdische Schülerin heulend in ihrer Klasse antrifft, die hatte einen Kummer, weil ein Mitschüler zu ihr sagte, ach! Juden wollen immer was Besonderes sein. Da macht sie eine Unterrichtseinheit darüber, woher das Besondere im Judentum und das Auserwähltsein eben kommen.

Ich bin gerne auserwählt, sage ich zu meiner Schwester. Sagt sie, meine Tochter geht in die katholische Religion. Ich sage, ist gut.

Das waren die Bekannten, jetzt die Tochter:

Meine Tochter tritt aus dem Judentum aus. Dabei hat sie es eilig. Erstens wird sie gleich fünfzehn. Und das muß noch vor ihrem Geburtstag geschehen. Dann ist sie zu ihrem Geburtstag keine Jüdin mehr. Und zweitens kann man nie wissen, wann sie in der Schule mit dem NS anfangen. Wenn sie rechtzeitig austritt, trifft das nicht zu – auf sie jedenfalls, meint sie.

Jetzt die Schwester:

Und zu einem dieser langweilenden Vergangenheitsprojekte wie dem von Spielberg oder der Yale-University, das hier zwei junge Frauen angezettelt haben, die keinen Doktor hatten.

»Warum sagt deine Schwester nicht aus? Warum? Sie ist doch eine Zeugin, eine wichtige Zeitzeugin?«

Meine Schwester sagt, sie muß erst schön werden und sich richtig anziehen dafür. Und wissen Sie, wie lange sich meine Schwester anzieht? Das kann ich gar nicht beschreiben. Meine Schwester zieht sich stundenlang an. Ich übertreibe nicht. Wirklich viele, viele Stunden. Das war schon früher so. Ich weiß nicht, was sie dann macht. Sie nimmt ihre Kleider in die Hand und schließt sich für zwei bis drei Stunden im Badezimmer ein. Seit Jahren. Da kann man davorstehen und dringend pinkeln müssen, das hat sie nie gerührt. Manchmal hatte ich Angst, weil man nichts hörte. Sie kommt dann irgendwann heraus und ist nicht geschminkt. Meine Schwester schminkt sich nicht. Heute glaube ich, sie zieht sich so lange an, damit sie sich einschließen kann. Wenn sie eingeschlossen ist, ist es wie damals, als sie sie einschlossen. Kleine Kinder haben Angst, wenn sie lange allein sind und eingeschlossen, ich weiß. Vielleicht geht sie da hinein in das Badezimmer für diese langen Stunden, damit sie weiß, daß sie jetzt aufschließen darf. Nie habe ich meine Schwester darüber reden hören. Vor allem wird ihre Aussage benötigt, weil sich die Wissenschaft jetzt mit den Rettern beschäftigt. Oft habe ich mit ihr darüber geredet, daß sie was sagen soll. Und bin auch auf Kongresse gegangen.

Sagt einer, wie kamen die denn dazu, ihre eigenen Kinder und Frauen wiederum zu gefährden, wo denn das Großartige an der Hilfe sei?! Sag ich: Da haben Sie recht. Es war eigentlich unverantwortlich zu helfen. Das stimmt schon. Frag ich ihn, wo er denn arbeitet, sagt er, er ist Mitarbeiter in Antisemitismus-Fragen. Ich steh da als Jude nur dumm in der Landschaft herum und habe zu verantworten, daß wer verantwortungslos wurde. Nein, das will ich natürlich ganz und gar nicht, daß wer seine Kinder verliert oder seine Frau oder die Frau ihren Mann – weswegen? Wegen mir? Das kann ich nicht wollen, nicht wahr? Ich müßte mich sonst ewig schuldig bekennen, dafür, daß es die Nazis gab; dafür, daß Retter starben und dafür, daß sich welche jetzt andauernd unwohl fühlen und sich als angenehme Menschen und Deutsche behandelt wissen möchten. Ich will ihnen nicht im Weg stehen und wünsche ihnen Erfolg wie Schröder beim Goldenen Lenkrad, da war es sicher netter als bei den Gedenkreden. Und vielleicht könnte ich auch der New York Times einmal sagen, daß sie da drüben ein bißchen freundlicher berichten.

Der kubistische Blick. Wer schreibt eigentlich, wenn ich schreibe?

»Wenn ich ein Wort benutze,« sagte Humpty Dumpty in ziemlich verächtlichem Ton, »dann hat es genau die Bedeutung, die ich ihm zuweise, nicht mehr und nicht weniger.« »Die Frage ist nur«, sagte Alice, »ob man Wörtern so viele verschiedene Bedeutungen aufhalsen kann?« (Lewis Carroll, *Alice im Wunderland*).

Die Atmosphäre der Wörter wird durch gesellschaftliche Prozesse gestaltet, fortlaufend verändert, geschaffen und zerstört. Die Schreiberin bedient sich ihrer im Sinne eines handwerklichen Könnens. Und nimmt teil an der Setzung der Worte, ihrer Konnotationen. Die Beifügungen, der Geschmack an den Wörtern ist für Personen, die einer Mehrheit angehören, anders als für die, die eine Minderheit sind. Dies trifft für die geschlechterdifferente Wahrnehmung ebenso zu wie für den Zusammenhang jüdische/nicht-jüdische Welt, mehrheitsdeutsche und minderheitsdeutsche Welt, deutsche und »andere« Welt. Wie bewegt sich die Schreiberin mit Worten wie »Schwarze«, »blonde Deutsche« und »typisch jüdische Augen«? Literarisches Schreiben zerbricht an Political Correctness. Dennoch kann die Autorin nicht umstandslos Privatheit für ihr Schreiben reklamieren und Unzulässigkeit moralischer Wertung: Die Freiheit des Schreibens findet statt im öffentlichen und politischen Raum.

Reflexionen über Rhythmus, Können und Körpergefühl beim Schreiben. Was hören Sie eigentlich beim Schreiben?

Schreib' ich mich »heim« oder »fremd« oder beides gleichzeitig und unzeitig? Wenn Worte entstehen, sind sie in gewisser Weise immer schon volltrunken, durch die Gaben, die diejenigen dem Kind übermitteln, die es begleiten, wenn es in Sprechen und Sprache Subjekt wird. In diesem Sinne gibt es eine Sprachposition, die zunächst individuell ist und zunehmend gesellschaftlich wird, und den Klang ihrer Herkunft stets mit trägt.

»Fan TCHAI bat Meister Kung (Konfuzius) um Hinweise zum Ackerbau. Darauf der Meister: Ich weiß weniger als jeder alte Bauer. Ebenso antwortete er auf die Frage zum Gartenbau: Ein alter Gärtner versteht mehr davon als ich.

TSE-LOU fragte: Falls der Fürst von Mei Euch mit der Regierung betrauen wollte, was tätet Ihr als erstes?

KUNG: Die Menschen und Dinge beim Namen nennen, bei ihren richtigen Bezeichnungen, damit ein jedes seinen richtigen Namen hat.« (Ezra Pound, *Guide to Kulchur*)

Von den Bezeichnungen hätte Kung also etwas verstanden. Die richtige Bezeichnung wird angesehen als die Grundlage des Regierens überhaupt, und damit einer Form der gesellschaftlichen Übereinkunft. Sie gewinnt eine Art ›Wahrheit‹scharakter – auf der Suche nach dem Absoluten. Aber wie Recht und Gesetz verändern sich die Namen für die Dinge und Menschen fortlaufend, verändern ihren begleitenden Sinn und klingen unter den und den Umständen anders. So macht es natürlich einen Unterschied, ob in einer Gruppe von Juden der eine zum anderen sagt: »Du sagst, du bist aus der Schweiz, kann ich nicht glauben, daß du aus der Schweiz bist, so spargeldünn wie du bist, bist du nun aus der Schweiz oder aus Treblinka?« Oder ob dieses Gleiche von einem Nicht-Juden Juden erzählt wird oder ob allein unter Nicht-Juden erzählt würde.

Im ersten Fall könnte es sein, daß die Umstehenden lachen; im zweiten, daß die Juden sich beleidigt fühlen, und im dritten Fall gewinnt es den Charakter eines Einblicks in die »exotische Welt« der Juden, die eigentlich weder einen was angeht noch stünde es wem zu, darüber zu lachen – und ist peinlich. Und außerdem machte es natürlich einen bedeutenden Unterschied, wann diese Aussage getroffen würde. Während der Zeit des Nationalsozialismus oder fünfzig Jahre später und wo: in Deutschland oder in Israel. Ich würde in Deutschland diesen Witz niemals machen, und tatsächlich wurde er in Israel gemacht. Wie also den spargeldünnen Menschen bezeichnen? Wie also kann das Wort »Treblinka« gebraucht werden? Von »Dachau« wissen wir, daß es eine Bevölkerungsmehrheit als Wohnortname gebraucht. Einige wenige Menschen können es in dieser ›Neutralität‹ oder ›Sachlichkeit‹ niemals aussprechen, noch fünfzig Jahre nach den Konzentrationslagern nicht.

»Menschen verschwanden aus ihren Wohnungen, von ihren Arbeitsplätzen, und wurden in das österreichische KZ Mauthausen oder weiter ins Reich geschickt, in Lager, deren Namen, einst harmlose Ortsbezeichnungen, nun zu schrecklichen Chiffren wurden und bis heute den Beiklang von unerhörter Menschenschinderei nicht verloren haben«, notiert der einstige österreichische Emigrant Egon Schwarz in *Keine Zeit für Eichendorff.*

In Diktaturen gewinnt das richtige Bezeichnen der Dinge revolutionären und Freiheitscharakter, und das, was nicht bezeichnet werden darf, führt ein untergründiges Leben in Metaphern und Erinnerungen – und doch nehmen die Bezeichnungen Schaden durch die ständige Verdrängung aus dem öffentlichen Raum, so daß die Worte von dem System affiziert werden. Victor Klemperer und andere schrieben darüber.

»Manuskripte brennen nicht« ist ein berühmt gewordener Satz aus Bulgakows Roman, *Der Meister und Margarita*, der 1973 erschien. Zwar verging fast ein Vierteljahrhundert, bis dieses Werk in der Sowjetunion veröffentlicht werden konnte, aber Stalin und dem System zum Trotz überlebte das Manuskript – selbst den Autor, und wurde weltbekannt. Hier ist die zitierte Zeile eine Metapher für die Fortexistenz eines Seins, auf das die Diktatur keinen Zugriff hatte und nie haben wird; eine Metapher für die Selbstbehauptung des Einzelnen gegen ein übermächtiges System und transportiert eine Ermutigung, eine Selbstvergewisserung; trotz des ungeheuren Ausmaßes des staatlichen Repressionsapparats. Und in diesem Sinne war und ist diese Zeile einer großen Zahl Menschen, die sich in diesen und vergleichbaren Systemzusammenhängen bewegt haben, geläufig.

Nach einer Beschlagnahmungsaktion der GPU (später: KGB) in der Wohnung Bulgakows verschwanden seine Tagebücher. Er verlangte sie zurück und erhielt sie etwa drei Jahre später, 1929, wieder, verbrannte sie sofort und beschloß, nie wieder welche zu führen. »Seit jenen Tagen wurde angenommen«, schreibt Julie Curtis in *Manuskripte brennen nicht* – Michail Bulgakow, Eine Biographie, »daß die Tagebücher für immer verloren seien, bis Glasnost den KGB veranlaßte, zuzugeben, daß sie damals in den Zwanzigern eine Kopie des letzten Teils der Tagebücher angefertigt hätten und diese nach wie vor in den KGB-Archiven liege. Der Text wurde im Januar 1990 fast vollständig in der Sowjetunion veröffentlicht.« Sie schreibt weiter: »Manuskripte brennen nicht« erhielt eine »geradezu prophetische Note«, nachdem Bulgakows Roman *Der Meister und Margarita* »zu Lebzeiten des Autors fast ein Jahrzehnt lang und weitere sechsundzwanzig Jahre nach seinem Tod geheimgehalten worden war ...«

Ich dagegen hatte den Satz, der mich ohne jede Vermittlung erreichte, zunächst ganz unsinnig, widersinnig empfunden; denn ich dachte an die Bücherverbrennungen durch die Nationalsozialisten. Und für »uns« konnte er wohl keine Gültigkeit haben. Mein »Wir« war offenbar ein anderes Wir, im Wissen darum, daß Manuskripte brennen. Erst die bewußte Bemühung um die andere Kontextualität ließ mir den Bulgakowschen Satz zu, der sich mir als einer im Westen nach 1945 sozialisierten Person nicht umstandslos erschließt, geschweige denn seine Bedeutung erahnen ließe.

Die Sprache und die Wahl der Wörter sind eine Form, sich zu Hause zu bewegen, sich einen Raum zu geben, in dem man wohnt. Wobei das Wohnen selbst als Bewegungsform zu denken ist. Oder in dem Zuhause zugewiesen ist. Die Sprache wäre demnach eine Überlappung der Räume, des privaten mit dem öffentlichen Zuhause: ineinander verschmolzene Räume. Zimmer und Straße mit einer Innen- und Außenansicht wie im Kubismus, über den in Meyers Großem Taschenlexikon steht: »Der K. begann als analyt. Kubismus: Objektpräsentation in einer facettierten Simultaneität verschiedener Ansichten.«

»Jahrgang 52 / Ich spreche Deutsch / ich spreche Deutsch mit meiner Schreibmaschine / einen Fetzen an den Rand / Das Zimmer ist mein Land.«[14]

Melvin Lasky bemerkt in *Wortmeldung zu einer Revolution*[15]: »Einige selbstkritische Linke reagieren heutzutage sehr empfindlich auf den fortgesetzten Gebrauch solch inhumaner Modewörter der sechziger Jahre wie »Schweine« und »Bullen«. Derlei Bezeichnungen sind offenbar in allen verderblichen Ideologien rechter wie linker Provenienz endemisch, über denen der Schatten von Mord und Totschlag liegt.« Er fügt ein Zitat von Wolf Biermann an: »Wer Menschen Schwein nennt, will auch schlachten.«

Sprach- und Sprechkorrekturen stehen in Zusammenhang mit Aufklärungs- oder Bewußtheitsprozessen, auch Ideologisierungsprozessen, in deren Verlauf die Korrekturen nicht immer frei von dogmatischen Zügen sind. Das

Wort »Reichskristallnacht« erfuhr eine Umwertung in eine vorgeblich ideologisch geläuterte Version, und zwar in »Reichspogromnacht«. Weniger spektakuläre Prozesse vollziehen sich in der Benennung des Stasi-Untersuchungsgefängnisses in Potsdam, das die Gefangenen für sich selbst vor 1989 »Hotel Linde« nannten; jetzt nach 1989 und in einer Zeit, in der die Zahl der Menschen steigt, die nicht mehr wissen, worum es geht, erscheint der Begriff verharmlosend – außerdem kann jetzt im öffentlichen Raum real gesprochen werden, das Verdeckte und Metaphorische hat seinen Sinn verloren. Überdies ist der vorherige Name gewissermaßen ein nach innen, ins Innere der Gesellschaft gewendeter Begriff, ein *(klandestiner)* Begriff der geschlossenen Gruppe – derer, die wissen und dort waren.

»Wir Auschwitzer« sagte einmal Jerzy Kanal, der ehemalige Vorsitzende der Jüdischen Gemeinde Berlin, und bringt damit den Ort, den Schrecken und die Sprache in einer Bezeichnung zusammen, die für eine Gruppe gilt – und nur für diese. Damit findet die Nicht-Mitteilbarkeit des dort Erlebten seinen Gemeinsamkeit stiftenden Ausdruck. Egon Schwarz erinnert sich in *Keine Zeit für Eichendorff* daran, wie absurd ihm der Ausspruch eines deutschen Emigranten vorgekommen war, »der einmal im Verlauf eines der endlosen Gespräche, die wir über unsere Herkunft und Schicksale führten – denn ein jeder hatte einen spannenden Roman zu erzählen –, mit eifervoller Wichtigkeit ›Bei uns im KZ …‹, sagte.«

Manchmal stoßen die verschiedenen Aufklärungsprozesse aneinander und schließen sich aus. Ich erinnere mich an eine Auseinandersetzung über die Präambel für die Stiftung ZURÜCKGEBEN, deren Spenden-Einnahmen jüdischen Frauen aus den Bereichen der Wissenschaft und Kunst zugute kommen soll. Vom Genozid an den Juden hatte gesprochen werden sollen als von einem Mord an Millionen Jüdinnen und Juden. Obwohl wir alle Frauen waren, konnten wir Jüdinnen uns hier zu dieser sprachlichen Korrektheit nicht bereit finden, weil wir angesichts der NS-Rassenpolitik jeden Unterschied des Geschlechts ausgelöscht fanden. Es war für die Tötung nicht von Belang, ob einer Mann oder Frau gewesen war. Wir ertrugen die Anwendung der Erkenntnisse aus der feministischen Sprachwissenschaft auf uns nicht. Wir waren Juden und immer Juden gewesen und die vor uns auch. Es war uns so, als ob das dünne Band, das uns mit Eltern und Großeltern und den unbekannten Anderen verband, wegen eines anderen Ziels zerschnitten würde.

Während des Schreibens formuliere ich das Zuhause als dialogischen Ort, unmittelbar in der Hingabe an die Expression, – wahrscheinlich ein erotischer, narzißistischer Vorgang zugleich – ein anderes Thema, ja – und doch auch in der Gewißheit eines existenten, allerdings nicht unbedingt bekannten, öffentlichen Raums. Daraus ergibt sich eine andere Verantwortlichkeit für die benutzten Wörter und Bilder.

Der eigene Ausdruck, das Selbst, korrespondiert dabei immer schon mit dem Anderen, dem Gegenüber, dem Fremden. Sozusagen eine Konstellation der Selbsterkenntnis, die ohne ein wenigstens für den Moment festgehaltenes Anderes sich als Ich nicht bezeichnen könnte. ›Free floating‹ (frei schwebende) Ichs machen keinen Sinn, ›free-floating stereotypes‹ dagegen natürlich und erfüllen eine Funktion. ›Free floating stereotypes‹, darunter habe ich mir so etwas wie ›weichen‹ Antisemitismus vorgestellt: zum Beispiel das Weitergeben von Vorurteilen, auch nett gemeinten und charmant vorgetragenen wie »Juden haben einen Sinn für Bücher, eben wie Sie«.[16] Andererseits macht die Flucht in den Zustand der Einzelnen, in das Individuelle in den Kommunikationsprozessen, insbesondere im öffentlichen Raum, nur begrenzt Sinn. So habe ich einmal nach einer Debatte über Roma und Sinti, in deren Verlauf in kürzester Zeit nur noch von Stehlen und Schmutz die

Rede war, erklärt, ich hätte jetzt enorme Schwierigkeiten, zu gestehen, wie ungern ich mich wasche. Die Diskutierenden lachten, denn ich persönlich interessierte ja niemanden, und niemals hätte es wer so genau wissen wollen. Mag die Angehörige schmeichelhafte Stereotypen zurückweisen? Welche der Zuweisungen habe ich selbst angenommen und zu ›Kultur‹ erklärt? Und überhaupt, hat nicht auch die und der Diskriminierte etwas, das er aus der Zurückweisung als Überhöhung des eigenen Wertes zieht.»In aller Ruhe konnte ich ein außergewöhnliches Schicksal genießen«, bemerkt Alain Finkielkraut in *Der eingebildete Jude*. Es ist ja auch wieder blöd, wenn man gewöhnlich, ganz gewöhnlich deutsch ist. Was übrigens auch die christlich sozialisierte weiße deutsche Frau in höchst skurrile Situationen bringen kann. Ich kannte einmal zwei Frauen, die als Aktivistinnen daran gearbeitet hatten, daß es eine Begegnung, einen Austausch geben sollte mit afro-amerikanischen Frauen, ›women of color‹, Migrantinnen und jüdischen Frauen, Lesben. Die Frauen erreichten, daß der Austausch finanziert wurde, organisierten wochenlang, Unterkünfte, Essen, Ausflüge, Abholungen, Auskünfte – aus Engagement, versteht sich, ohne finanzstarke Organisation, bürgten noch selbst für gewährte Kreditierungen. Das Austausch-Plenum debattierte darüber, wer die Finanzen verantworten solle, und den weißen Frauen wurde mitgeteilt, daß sie nicht länger diese Geschäfte zu führen hätten, da die Weißen schon immer die Finanzhoheit über alles und jedes gehabt hätten. Die beiden Frauen sagten nichts und wurden klaglos zu Opfern und in gewissem Sinn war ihre Fortexistenz in dieser Unternehmung ein selbstzerstörerischer Akt.

Welche der als Stereotypen gehandelten Zuweisungen sind nun aber tatsächlich Bestandteil der ›Kultur‹? Eine traditionelle Wertung der Schrift, der Musik usw.? Ich will damit sagen, die Grenze zwischen Stereotypen und sinnvollen Zusammenfassungen zu einem Begriff ›per se‹, einer Verallgemeinerung, sind fließend, erfüllen auch eine Gruppenfunktion, Kennzeichnungsfunktion für das Eigene und das Fremde. »Im Gegensatz zu den meisten Juden kaufte sie die Mazzes immer in der falschen Zeit«. Die Erzählperspektive geht aus vom Blick innen, innerhalb der Gruppe und sieht gleichzeitig nach außen, zu der Wahrnehmung von Nicht-Juden. Ausschließlich innen: »Sie kaufte die Mazzes zur falschen Zeit.«

Diskriminierend können diese Beschreibungen bereits durch die Hinzufügung winziger Wörter werden, die ansonsten einen gleichsam unschuldigen Eindruck machen. Beispiel: »Juden sind *auch* Deutsche«. Oder: »Ein Jude ist doch auch ein Mensch, genauso wie du und ich.«[17]

In *Der erste Mensch* erzählte der in Algerien aufgewachsene Albert Camus von den Angewohnheiten der Männer aus den Mittelmeerländern, was Stolz und Sorgfalt in Kleidungsfragen betrifft. Der Anzug und die Bügelfalte, wollte er sagen. Selbstverständlich steckt in der generalisierenden Aussage dieses Nebensatzes ein Stereotyp, andererseits wenn er das nicht mehr sagte … was fehlte uns in der Erzählung, in der wir den Unterschied sahen? Nämlich den Unterschied, der Camus wohl erst durch seinen Aufenthalt in Europa aufgefallen war. Dieser Hinweis machte mir Spaß, und eine Bestätigung meiner Art zu sehen war es auch. Eine Äußerung, die nur von jemandem gemacht werden konnte, der zwischen Welten ging. So balancieren wir zwischen den Stereotypen, ganz auf sie verzichten können wir wohl nicht – wollen wir auch nicht. Andererseits gibt es Sicht- und Schreibweisen, die uns durch den Nationalsozialismus derart eindeutig und grauenhaft belegt sind, daß ich sie nicht mehr benutzen könnte, obwohl ich an deren Stelle nichts setzen kann. Dem Schreiben ist seither eine Ausdrucksmöglichkeit verlorengegangen. Wenn wir Unterschiede, Anderssein, Fremdsein am Körper beschreiben.

Ein Beispiel dafür: Alfred Döblin, *Reise in Polen* (1925). Im Vorwort zur zweiten Auflage des Taschenbuchs, 1993, wird darauf hingewiesen, daß das Motiv zu dieser Reise für Döblin, der selbst aus einer jüdischen assimilierten Familie stammte, also Westjude war und später zum Katholizismus konvertierte, darin lag, daß ihn die Lage der Ostjuden mit Sorge erfüllte. Dies gründete sich auf die Erfahrungen der anti-ostjüdischen Kampagne, die 1920 in Deutschland einen Höhepunkt erreicht hatte und deren Opfer die insbesondere aus Polen nach Deutschland geflüchteten Ostjuden waren.[18] So muß denn die *Reise in Polen* vor diesem Hintergrund gelesen werden und im Bewußtsein der zeithistorisch anderen Diskurse. Döblin über den Rebbe in Gura: »Ich bin, kommt mir vor, unter eine exotische Völkerschaft geraten.« »Ein volles fleischiges Gesicht quillt zwischen den Locken vor … Seine dicken Hände wühlen in einem Haufen kleiner Papiere … Dann habe ich plötzlich seine Hand, eine kleine schlaffe fleischige Hand, an meiner.« An anderer Stelle heißt es: »Das Gesicht der Polinnen: breite Stirn, nicht hoch, das ganze Gesicht voll. Die Nasenwurzel tief ansetzend, manchmal mit fast sattelförmiger Vertiefung. Die Nase flach sich abdachend nach den Wangen; sehr kräftige Nüstern; die dunklen Öffnungen aufgestülpt. Der Mund breit und fleischig … Männer wie Frauen, vom reinen Typus, mit hellen und braunen Haaren.« Im jüdischen Viertel: »Die wehenden langen Bärte, schwarze und viele rötlichblond. Vorwiegt ein schmächtiger langnasiger Typus … Haufen von Kindern: mir fällt ihr slawischer Typus auf; die jüdischen Züge treten erst später hervor.« Offensichtlich fühlt sich der Autor, später insbesondere in Gura, nicht wohl.

Eine Treppe, die er heruntergeht, wird ihm zu einer »schrecklichen« Treppe; eine Treppe, die in anderen Gemütszuständen sicher nicht erwähnenswert gewesen, sachlich beschrieben oder gar schön geworden wäre. Ein

Beispiel über ›Wahrheit‹ oder ›Realität‹ beim Schreiben. Tatsächlich geht es meiner Meinung nach um die Äußerung: »Ich fühle mich hier schrecklich«, die der Autor unterließ, – was sein gutes Recht ist.

Und weiter: »Die Juden sind kräftig, irdisch geblieben, haben sogar, sehe ich, den Optimismus der strebenden Menschen. Ihre Metaphysik ist die nach innen geschlagene aktiver Menschen, denen die Aktivität genommen ist. Es sind – Araber.«

Diese unbekümmerte zur damaligen Zeit ganz gebräuchliche Konzentration auf »Physiognomien« und biologistischen rassisch zuschreibenden Sprachgebrauch ist in der Kontextualität nach dem »Holocaust« mir nicht mehr möglich, wirkt abstoßend und zugleich auch gefährlich. Normative wurden geschaffen.

Diese Anleihen an Stereotypen haben sich nach 1945 noch lange bei unterschiedlichsten Autorinnen und Autoren erhalten, ungeachtet der eigenen polyphonen Herkunft. Bei Jeannette Lander findet sich in *Auf dem Boden der Fremde* der »Schlacksigneger« mit »Tassenaugen«, der ein »blondweißes Liebchen« auf die Tanzfläche führt, das übrigens noch tanzt »like a Niggerwoman!«. »Der schwarze Tanzende«, mit dessen IQ es nicht weit her sein kann – warum sonst sollte ich auf den *Tassen*augen fokussieren, die ansonsten nur Kindern eigen sind, – wird hier auf der Bildfläche entworfen; eine Stereotype, die in der Gegenüberstellung zum »blondweißen Liebchen« die Potenzfigur gleich mitkreiert, gleichwohl in afrophiler Absicht. Es tröstet hierbei nicht, daß die »Untertassenaugen unterm blonden Schopf« auch vorkommen. Sie entfalten nicht die gleiche sich erhebende Wirksamkeit; bleiben letztlich künstlich und imaginationsarm.

Gert Mattenklott führt gegen Paul Celans »Der Tod ist ein Meister aus Deutschland« an, daß die »Engführung dieser Fuge« »unversehens mit der Endlösung in symbolische Koinzidenz« gerate:[19] »[...] Seine plakative Wirkung

beruht auf dem Appell an eine Reihe deutscher Stereotypen: das Volk der Musik und der faustischen Täter – Fuge
und Gretchenliebe –; die Tradition der Totentänze und
Lemuren, die Fausti Grab schaufeln (ohne daß er es
weiß); die Gestalt des Meisterschützen von *Grimms Märchen* über den *Freischütz* bis zu den Verbrechen der Lager:
ein suggestives Szenario deutscher Mythologie. Die Assoziationen Celans stilisieren und dämonisieren die Shoa
zu einem Ereignis der deutschen Kulturgeschichte klas-
sisch-romantischer Prägung.« … Mattenklott spricht von
einer eher »metaphorischen Überwältigung«. In dieser
Art Vergangenheitsbewältigung »vollzieht das bundesdeutsche Publikum geradezu rituell unterwerfungsbereit
die poetische Vision eines ursprünglichen deutschen Sa-
dismus nach … Der blauäugige Deutsche mit blonder Ge-
liebter und Schäferhund als KZ-Aufseher ist aber eine
ohnmächtige Replik auf den krummbeinigen kleinen Juden mit fettiger Nase und Commislocken.«

Schleichende Stereotypen in »anständigen« Produktio-
nen: bei dem ›gerecht‹ anmutenden Film von Konrad
Wolf »Ich war neunzehn« (DDR 1967) präsentiert der
Regisseur einen mit der siegreichen Roten Armee einrük-
kenden Helden, der körperlich gesehen ein junger hell-
haariger (ein ästhetisch ›richtiger‹, als Imago bereits be-
kannter) Deutscher, aber eben auf der ›richtigen‹ Seite
ist. Der Film vertritt eine anti-nationalsozialistische,
anti-faschistische Position, bedient sich jedoch gleichzeitig aus dem Repertoire ästhetischer Muster, die im Nationalsozialismus ihren völkischen Identifikationswert
hatten. Oder stimmt das nicht? Sehe ich das, nur *ich* das
so in der Überzeichnung meiner Augen, in denen die NS-
Bilder gesehen werden, als sei es gestern in der U-Bahn
gewesen, und tatsächlich waren sie leibhaftig mir nie begegnet? Die Herrenrasse und das Blonde ist mir derart
miteinander liiert, daß ich die Entzerrung der Klischees
goutiert hätte, nicht deren Weiterverwendung mit ande-

ren Vorzeichen. Helke Misselwitz in dem Film »Herzsprung« (1992) zeigt die tumbe Gewalt gegen das »Fremde« und läßt den afrodeutschen Protagonisten mit weißen Schuhen und der Gitarre auf dem Rücken – fahrendes Volk mit Rhythmus – auftreten. Doris Doerrie benötigt in »Keiner liebt mich« die Figur des Schwarzen wieder als »underdog«, »outsider« – als sympathischen ›Hokuspokus-Neger‹.

Andererseits ist der Prozeß des Schreibens und Kunstschaffens überhaupt undenkbar, wenn er im Schatten der Reflexion und Selbstzensur den Ton der Emotion für die Correctness opfert. Die Ergebnisse wären sicher stinklangweilig. Zuweisungen, auch ›korrekten‹, kann ich nur begrenzt nachkommen. Einige ›korrekte‹ Bezeichnungen sind literarisch eine Zumutung. Das ist eine Sache; ein anderes Problem tritt auf, wenn sich zwischen die Korrektheit der Schreibenden die ›Unkorrektheit‹ des Porträtierten schiebt. Jemand sagt, ich möchte nicht afroamerikanisch genannt werden: »I am American and nothing else. I never saw any African country« ... und »ich fühle keine Wurzeln ...« Wie schreibe ich das? Wenn ich diese Tatsache selbst nicht ausdrücklich zum Thema machen möchte, werden die ›richtigen‹ Benennungen selbst zum Problem, denn sie passen eben nicht immer. Fragen bleiben.

»Wahrheit« relativiert sich vor dem Hintergrund ausgrenzender Diskurse. Zum Beispiel möchte ich darüber erzählen, daß Kinder zusammen spielten und es aufregend zuging. Als Journalistin oder Erzählerin habe ich ein bestimmtes tatsächliches Ereignis vor Augen: Sie spielten »Wer hat Angst vorm schwarzen Mann?« Muß ich von diesem Beispiel erzählen, wenn ich mich *nicht* damit beschäftige, daß dieses Spiel eine diskriminierende Konnotation hat? Wenn es also darum geht, daß ich die Schule betrat und Kinder draußen spielten, könnten sie doch auch gespielt haben »Fischer, Fischer, das Wasser ist so tief«. Oder die Konkretion entfällt. An diesen Punkten steht der erzählerische Wahrheitsauftrag zur Disposition. »Der *Jid* wird kommen und dich holen«, sagten Mütter in Polen zu ihren ungezogenen Kindern. Wiederhole ich, kommentiere ich, lasse ich aus? Die Tatsache, daß etwas so wahr ist, wirklich so war oder immer so war, rechtfertigt nicht, daß ich zu weiterer Verbreitung beitrage. Wenn der Vorgang selbst Thema ist, selbstverständlich. Wenn er etwas wiederholt, damit ich sehe, was ich an anderem Ort, zu anderer Zeit, mit anderer Zugehörigkeit nie gesehen hätte – wie in Yolande Zaubermanns Film *Ivan und Abraham* (1995) – natürlich. Hier geht es um das Verhältnis von Polen und Juden in einem ländlichen Gebiet, die Entstehung von Pogromstimmung und um die schließliche Ermordung der Bewohner eines jüdischen Dorfes, des Stetls, um christlichen Antijudaismus und um eine Welt voller Aberglauben. Aber wiederhole ich das – ohne Brechung –, weil es so war, wieviel Brechung verträgt was? Im Prozeß der Kreation geht es um etwas, das etwas anderes sein muß als die Wiederholung des Stereotypen. Kunst ist nicht die Zentrale für Politische Bildung. Andererseits eröffnet ein Mangel an Kommentar eine politische Dimension, gleichgültig, ob beabsichtigt oder nicht.

Der ›Sarotti-Mohr‹ ist seit undenklichen Zeiten Zeichen für eine Schokolade und ruft für Nicht-Schwarze eine warme, unschuldige, eine Kindheitserinnerung wach. Muß ich deshalb noch immer diese Schokolade mit diesem Bild auswählen und verschenken und dazu beitragen, daß weitere Generationen das Bildchen im Herzen bewahren?

In diesem Sinne sehe ich eine Verantwortlichkeit für das Geschriebene, denn es ist immer schon ›Schreiben im öffentlichen Raum‹. Welche Bemerkung ist für den Fortgang der Handlung überhaupt erheblich? »Das fünfjährige türkische Mädchen Anna geht Brötchen einkaufen.« Wird die türkische Herkunft für den Fortgang eine Rolle spielen? Oder wird es im Fortgang um die Brötchen gehen, darum, daß sie nicht mehr weiß, wo sie das Geld hingetan hat und so weiter und so fort? Andererseits erinnere ich mich an ein Bilderbuch über die Freundschaft eines Jungen, dessen Vater bei einem Autounfall ums Leben gekommen war, zu einem alten Mann. In dem Buch wurde nicht deutlich, warum der alte Mann den Jungen so gut verstand oder der Junge sich ihm sehr nahe fühlte. Es gab zu diesem Punkt keine besonderen Erklärungen. Warum auch. Einmal wird, glaube ich, gesagt, daß der alte Mann im Schlaf nach jemandem ruft. Am Ende des Buches stirbt der alte Mann, und wir erfahren, daß er auf dem jüdischen Friedhof begraben wird. Ohne weitere Erklärung. Auch gut. Warum soll er nicht auf dem jüdischen Friedhof begraben sein.

Es gibt hier keine Eindeutigkeiten. Es geht um den Ausschnitt, um das Wegzulassende. Die Kunst ist die Auslassung, denn wir schreiben ohnehin nicht in Totalität. Das ist nicht möglich und außerdem langweilig, unbegreifbar, nicht zu ertragen und sinnlos.

»Ich schreibe nie – bloß Gedichte«, sagt eine, eine andere sagt, »ich kann nur wissenschaftlich schreiben«. Auftragsschreiben, politisches Schreiben für ein bestimmtes Ziel, eine bestimmte Organisation, gestern noch für den einzigen Zweck von Schreiben als kulturellem Ereignis verstanden, fällt im Westen dieser Tage in Ungnade. Individualität, Pluralismus, ja, finde ich auch. Sicherlich eine Befreiung von ideologischen Vorgaben und auch eine Befreiung von Formen, andererseits ist es schwer mit der Freiheit des Schreibens in unfreiem Leben. Es ist schwer, unter diktatorischen Bedingungen über einen Aschenbecher zu reflektieren (obwohl auch das eine subversive Potenz entfalten kann). »Ich kann gar nichts schreiben«, »ich habe nichts geschrieben«, »ich konnte nie etwas schreiben«, sind Entlastungsformeln schlechthin. »Ach, dein Knie Marie …« sang Wolf Biermann und transpor-

tierte Liebesbriefe, wenn man so will, in den öffentlichen
Raum, was im Zusammenhang der einsetzenden DDR-
Verfolgung gegen Eva-Maria Hagen, weil beide ein Lie-
bespaar wurden, eine andere Dimension erhielt, als man
es sich sonst bei diesen Zeilen dächte. Sonst wäre es eines
von diesen Männer-Liedern, was man dem Biermann auch
zutraut. Aber ist es nicht. Und weil wir beim Thema ›Liebesbriefe‹ sind, die werden doch geschrieben und auch
unter allen Umständen ...
Ich will handwerklich diskutieren. Ein sichereres Ter-
rain und eines, bei dem ich dem Problem entgehen könnte, daß ich zwar eine Jüdin, aber ansonsten knalldeutsch,
weiß und mit gültigem Paß ausgestattet bin. Ich kann
auch nicht über alles reden, was ich als Universalmensch
gerne besprechen würde. Ich höre mich den altväterli-
chen Ermahnungen des Malers Max Liebermann nachre-
den: »Wie würde ich dieses Hemd beschreiben? Bevor ich
mich entschließe, daß ich über die Farbe des Hemds
nichts sagen will, möchte ich wissen, ob ich sie überhaupt
beschreiben könnte.« Rosa, altrosa, pink usw., und doch
war die Farbe des Hemds mit keiner dieser Benennungen
getroffen. Der Raum, in dem wir sitzen, hat er eine Weite
oder eine Enge? Wie fassen wir seine Tiefe, ohne beliebi-
ge Aussagen zu machen, die sich ausschließlich an Subjektivität orientieren? Die Beschreibungen von einer Position außerhalb des Raums klingen anders als die
innerhalb des Raums. Wer wüßte nicht, wie sehr Räume
durch Gardinen gestaltet und bestimmt werden. Wenn
ich darüber schreiben müßte ... schrecklich, bestimmt;
aber könnte ich das überhaupt? Jemand gießt Mineral-
wasser ein. Wir hören, wie die Kohlensäure entweicht.
Reicht das Ausdrucksvermögen aus, um diesen Ton wie-
derzugeben?
Mir fällt ein, daß ich einmal ein sehr blondes Mädchen
beschreiben wollte, und mochte aber weder diese Tatsache wie einen Kommentar verbreiten, noch an einer Ste-

reotype über Blondinen teilhaben, auch nicht von Ferne. Ich schrieb schließlich in *Merryn*, 1992:»die blonden Beine der Moselkönigin«.

Eine kleine Geschichte:»Chana, ein Mädchen von etwa sechs Jahren, hatte am Frühstückstisch zu ihrer Mutter gesagt, sie müsse heute ihr Kopfkissen abziehen. Denn es sei schmutzig. – Und salzig. Sie hatte gesagt, sie könne den Grund dafür jetzt nicht nennen. Ihre ältere Schwester beißt gerade in ihr Brötchen. Als die Mutter das Kind schließlich an der Treppe verabschiedet, denn es geht in die Schule, sagt es:»Ich habe geweint, weil wir nicht feiern werden – wie die anderen.« Die Mutter tröstet das Kind und sagt: ›Wir werden sogar zwei Feste in diesem Monat haben – wir werden Chanukka feiern und Weihnachten.‹ Das Kind springt die Treppen hinunter und winkt ihr vom Hof her zurück.«

Ich finde, das beste an dieser Geschichte ist der Schluß. Denn offenbar ist das Kind wieder glücklich, und die Mutter hat das bewirkt, und vielleicht ist das Winken zurück schon an der Grenze zum Kitsch – auch wenn es, wie gehabt, so gewesen sein mag in irgendeiner Realität. Wenn ich jetzt aber jung bin und bin Kind türkischer Migranten zum Beispiel, bin vielleicht in islamischer Tradition aufgezogen und kämpfe darum, daß ich mich nicht unentwegt in Westeuropa als Zivilisationsobjekt wiederfinde, dem es leider am Christentum gebricht, dann ist mir die Geschichte zuwider, schon gleich. Denn das Problem mit ›Weihnachten‹ ist das, daß ich es sowieso nicht ausstehen kann. Das sind die Tage der schamlosesten Einverleibungen, wie wir wissen, wo man nirgendwo der ›Frohen Weihnacht‹ entgehen kann. Aber das Gesicht meiner afrodeutschen Freundin bleibt verschlossen. Sie, mit der mich eine Menge Fremdheitszuweisungen verbinden, erwärmt sich sofort für das Problem »Weihnachten«, denn für sie war das fester und selbstverständlicher Bestandteil von irgendeinem Daheim, wie immer es gewesen sein mag. Und wenn ich das Kind »Marga« nennen würde? Sicher, ein jüdisches Kind – muß es »Chana« heißen? Und wenn ich die Schwester wegließe im Geschehen, denn ich hatte keine und weiß nicht, warum ein jüngeres Kind vor einer älteren Schwester – mag sein – die Sprache verliert. Oder der erzählende Blick verweilt auf der Mutter, wie sie dieses und jenes dann noch getan und das und das, und sie in ihrer Allgewalt die Dinge löst. Oder es bedarf eines entfalteten Begründungszusammenhangs, was es mit dem Kopfkissen auf sich hat und warum es »schmutzig« genannt wird. Oder ich erzähle eine lange Geschichte, wie es geschehen kann, daß in eine jüdische Familie von ehemals starker Tradition der Weihnachtsbaum eindringt – und habe also Rechtfertigungsbedarf, ja wem gegenüber? Gegenüber dem Mehrheitspublikum, das nicht jüdisch ist? Gegenüber der eigenen, der jüdischen Minderheit? Oder wollen wir die Angelegenheit in einem Lehrbeispiel vorführen und schlagen ›Weihnukka‹ vor? Oder, oder – ist es, wie es ist. Und darf sein, wie es ist. Dazu benötige ich Empathie, die Empathie der erwachsenen Hörenden mit dem kleinen Kind. Erstmal das. Und das wäre schon viel. Andererseits kann ich mich auch als mit der Verzweiflung ringende jüdische Mutter präsentieren, um deren Kind es geht. Da wird es dann bedeutsam, ob es *das Kind* ist, das einem nun ferner rückt mit diesem Wunsch, oder *die Tochter – sogar* die Tochter – und zu allem Überfluß *meine* Tochter.

»Wi(e)der-sprache« hatte so viele Zungen wie Teilnehmerinnen an einer Schreib-Werkstatt zu diesem Thema. Allen gemeinsam waren Minderheitenerfahrungen. Unterschiedlich waren nicht nur die Positionen im Diskriminierungsgefälle. In diesem Sinne war die Schreib-Übung eine Übung zum Hören, die weder ›richtig‹ noch ›falsch‹ verlaufen ist. Eine Diskursübung der Differenten. Sie war dazu da, zur Kenntnis genommen zu werden.

Auch kleine Gruppen können ihrerseits das diskursive Klima bestimmen und beherrschen. Es geht um die Balance zwischen dem Zugehörigsein und Zugehörigseinwollen, zwischen – wir – und Ich: ausschließlichem Ich und ausschließendem Ich.

Ich verzeihe der türkischen Familie

Toleranz, Political Correctness und der Innenminister

Toleranz, das ist die Möglichkeit Shylocks, des Juden in Shakespeares »Kaufmann von Venedig«, einen Vertrag über ein Pfund Menschenfleisch abzuschließen, falls er seines ausgeliehenen Geldes verlustig ginge. Gleichwohl wissen beide Vertragspartner, daß das Äquivalent im Ernstfall weder erreichbar noch wünschenswert ist. Aber doch kämpft Shylock um sein Recht und kämpft und kämpft, weil es eben darum geht, daß ihm, dem Juden, Recht widerfahre. Dabei wird er selbst zu einer widerwärtigen Figur, und sein Geld oder Fleisch kriegt er auch nicht. Eine Darstellung, die beabsichtigt war.

Wenn die Überlebenden der Shoa heute Rechtsansprüche anmelden, moralische und gesetzliche Rechtsansprüche, so leugnet ihnen die Berechtigung dazu öffentlich kaum jemand, nur in praxi wurden sie doch so lange wie möglich ins Leere behandelt und der Goldstaub bleibt an der Ehre der Überlebenden hängen, denn die Monstrosität dessen, um was es geht, ist doch so ungeheuerlich, daß es mit nichts materiell aufzuwiegen wäre. Andererseits hätte höchst real Marika Rökk die dereinst von Goebbels verschenkte Villa doch gerne im Zuge der Rückgabeansprüche Ost behalten, Arisierung hin oder her. Da wird juristisch gestritten, von Scham keine Spur. Vor lauter Monstrosität aber geraten Forderungen in die Nähe charakterlicher Niederungen, und es klebt am Ende noch an den Opfern, was die Täter stahlen oder ihre Nachkommen nach 1945 unterließen. Dabei hatte es an Betroffenheitserklärungen nicht gemangelt.

In der Toleranz der Bürger wird der Jude mittlerweile geduldet, hin und wieder seine Existenz als Bereicherung der deutschen Kultur gepriesen, nur wäre doch der Mangel an Demut zu kritisieren. Repräsentanten der Mehrheitsbevölkerung in Deutschland können dann ihrerseits nicht vertragen, wenn Juden Antisemitismus hören, da sie selbst keinen hören. Offenbar muß ich mich auch als Jude sofort entscheiden, ob ich nun anders oder gleich bin und wehe ich schwanke, bin mal Bürger wie alle, dann wieder anders, fremd und mir mit der Mehrheit anders. Wie anders ist hier über das Grundgesetz die Stellung als vorgeblich Gleiche mit der Position des »Anderen« oder »Fremden« gegenüber der traditionellen Auffassung in islamischen Lebenswelten. Die Dhimma sind und werden niemals die gleichen wie die tragende muslimische Gesellschaft, aber sie waren in ihrem »anderen« Status als »Andere« auch Schutzbefohlene. Seit Beginn dieses Jahrhunderts verwandeln sich auch hier mit der Trennung von Kirche und Staat die »Anderen« in die »Gleichen«. Da ich aufgeklärt bin, will ich den duldenden, also toleranten Zustand nicht herbeiführen, sondern den als Gleiche. Diese Gleichheit übe ich besonders gegenüber Migranten, bei denen die Gesetzesgleichheit seit langem nicht besteht; »noch« nicht, wie lange nicht?

Ich verzeihe dann der türkischen Familie über mir, daß sie mich noch nie eingeladen hat, obwohl ich auf der Treppe lächle. Auch hatte der Mann als Gemüsehändler immer die besten Ratschläge für mich, so daß ich im Bekanntenkreis meinen Türken gerne und oft weiterempfehle. Daß »mein Türke« klingt wie »mein Neger«, weise ich empört von mir, denn ich habe ja ein gutes Verhältnis zu ihm. Merkwürdigerweise habe ich keinen Anstoß daran genommen, daß mir in den Universitäten, als Schullehrerin, in den mittleren und oberen Führungspositionen keine

Türken begegnen, auch nicht in den besseren Wohnvierteln als Mieter. »Soziale Diskriminierung« ist ein Begriff für die Wissenschaft. Ich glaube ja, daß alles an der Aufklärung in den Köpfen hängt. – Und dann, wenn die Köpfe aufgeklärt sind? Ich steh mir da selbst manchmal im Weg, ich weiß; habe als Jude trotzdem keinen Humor und lebe außerdem. Wollte der Grundschullehrerin nicht erlauben, die Eltern darüber zu befragen, ob die Kinder eine jüdische Schule angucken dürfen. Stellen Sie sich vor, die Eltern hätten mit »Nein« gestimmt! Da boykottiere ich lieber die Abstimmung und halte mich *nicht* für *abstimmungsfähig*. Ich war in diesem Fall nicht tolerant genug. Auch nicht, was die Kuppel der wieder errichteten Synagoge in Berlin betrifft, die trotzdem keine mehr geworden ist. Von mir aus soll sie so glänzend leuchten, wie sie will, auch wenn wir dann selbst schuld sind, daß wir Feinde haben.

Einmal hatte ein Innenminister was mit meinen Vorurteilen zu tun. Das war 1989. Ich war hochschwanger und suchte eine Wohnung. Die Vermieter schüttelten die Köpfe, nein, sagten sie, der falsche Paß. Ich hatte einen ordinären westdeutschen Paß. Zuschüsse gab es für Aussiedler, Übersiedler – kurz die, mit dem richtigen Paß. Ich arbeitete damals hart mit mir wegen der Spitzen, die ich so fühlte gegen »die«.

So und so – letztlich entscheidend sind die Gesetze, die Signale aus dem öffentlichen Raum, wer welche Stellung in der Gesellschaft behaupten kann. Und natürlich ist das ein Verdrängungswettbewerb. Dahinter treten die Wellen an Bewußtheit, Aufgeklärtheit, Betroffenheit oder politisch richtigem Sprechen – politically correct – zurück. Wobei es doch möglich sein sollte, rassistische Beleidigung anzuzeigen. Zumindest könnten Schul- und Betriebsordnungen schon mal daraufhin durchgesehen werden.

Über F. C. Delius *Die Flatterzunge*

Im Meistersaal in Berlin, inmitten der noch kalten neuen Potsdamer-Platz-Kreationen, gibt es diesen angemalten, stillosen Saal, der vor allem was Feines haben soll. Der Rowohlt-Verlag und die stadtbekannte erste Buchhandlung am Platze, Kiepert, haben geladen. Albert Mangelsdorff, der Jazz-Musiker und Posaunist soll *Die Flatterzunge* von F. C. Delius vorstellen. Die Titelfigur ist ein Posaunist.

Der Roman bezieht sich auf die tatsächliche Geschichte eines Gastspiels der Deutschen Oper in Israel. Ein Musiker hatte eine Rechnung mit »Adolf Hitler« unterschrieben. Die Deutsche Oper hatte den Musiker nach Hause geschickt und fristlos gekündigt. Albert Mangelsdorff bemerkt: »Die Deutsche Oper konnte wohl nicht anders. Sie will ja wohl wieder in Israel spielen.« Daraus kann man also entnehmen, daß man sich in Israel zusammenreißen soll, wenn man da wieder hin will. Ich könnte auch anfügen, mangels Juden in Deutschland, braucht man das hier ja weniger. Nach diesen Sätzen erfolgen einige Posaunen-Töne. Trotzig klingen die Eingangsworte der Verlagsfrau: »Ist er ein Sünder oder ein Sündenbock«? Mutiert die Versammlung umgehend in eine bekennende Walser-Gemeinde? Gestern noch bei Ignatz Bubis am Grab ...

F. C. Delius trägt vor: wir erfahren die Geschichte eines kleinen, intellektuell nicht eben leuchtenden Schlukkers, der tut, wovon er was versteht: eben Posaune spie-

len. Der Mann, der nicht recht erwachsen, sprich verantwortlich, geworden zu sein scheint, will ja nicht vergleichen mit den Verbrechen der Großen; derer, die in den
Irak Waffen und Gas lieferten, und nicht verurteilt werden, aber sagen möchte er das schon mal. Auch bekennt
er sich schuldig, so, daß das Publikum so recht nachempf-
finden kann, daß es hier den Falschen trifft. Es fallen die
Worte »Verbrechen« und »Schuld« und da darf dann ein
bißchen geschmunzelt werden, denn mit Herrn Hitler zu
unterschreiben, ist ja kein Massenmord und das weiß jeder, der hier anwesend ist. Dem larmoyanten Ton der Ro-
manfigur darf man sich anschließen und die Überhöhung
der Tat als die eines nunmehr als »Unmensch« Gekenn-
zeichneten recht lächerlich finden. Auch gibt es genügend
Klischees gegen die bundesdeutsche Justiz, die eh niemandem zuhört und von der deshalb nichts Einfühlsames
zu erwarten ist. Stammtisch-Wiederholungen. Andererseits senkt ja der Gekündigte sein Haupt und nimmt alles
auf sich, so selbstverständlich, daß er allen leid tut. Die
Hauptfigur bleibt ein bißchen beschränkt und dumpf, wie
von nebenan. Und das könnte doch jeder sein, stimmt's?!
    Abschließend eint Albert Mangelsdorff das Publikum
mit einem chorisch gesungenen leicht sakral klingenden
g; die Volksgemeinschaft ist hergestellt; sie singen für
i h n , den Posaunisten aus dem Buch, den Musiker aus der
Deutschen Oper und für Albert – die Gemeinschaft derer, die doch alle so sind und denen allen dieser »ungeheu-
erliche Lapsus« (Mangelsdorff) hätte passieren können?
Weder wird hier die arbeitsrechtliche Problematik politisch motivierter Kündigungen aufgeworfen, noch eine
psychologische Charakterstudie versucht, die die Frage
behandelt, wie antisemitische und nationalsozialistische
Bindungsmuster zwischen den Generationen weitergege-
ben werden.
    F. C. Delius stellt uns diesen Musiker als einen überaus
gewöhnlichen Menschen vor, der eigentlich jeder hätte

sein können. Deswegen mag ihn das Publikum auch. Die Kollektivschuld gebiert die kollektive Entlastung, das hatten wir schon. Psychologisch wird uns hier der kleine Mann vorgeführt, den es wieder mal getroffen hat, der sich windet, vor Übermächtigen, und der deswegen unser Mitgefühl erhalten darf. Der Rowohlt-Verlag war mit der Veranstaltung zufrieden.

Zu Österreich und Jörg Haider

Und darüber, wo man in die Alpen fahren könnte

Vor sechs Jahren erlebte ich auf einem Kongreß für Klinische Psychologie und Psychotherapie in Berlin, wie Klaus Ottomeyer, Klagenfurt, vor dem gut gefüllten Hörsaal mit mehreren Stühlen ein Setting vorführte, mit dessen Hilfe er die Erscheinung »Haider« demonstrierte. Er hatte zeigen wollen, wie sehr der Effekt »Haider« auf psychodramatisch äußerst kompetenten Anordnungsmodi beruhte. Ich kann nicht sagen, daß mich diese Demonstration damals mit besonderem Entsetzen erfüllt hätte. Gerade befand sich die Bundesrepublik sozusagen im Zenit von diesen periodisch wieder auftretenden Erinnerungsleistungen, die den Nationalsozialismus und dessen Verbundenheit in verschiedensten Berufsgruppen zum Thema hatten. Da schienen gegenwärtige Hinweise und Ausführungen die Intensität dieses Erinnerns eher zu minimieren und interessierten nicht so recht.

Ich wollte mich eigentlich auch lieber nicht beschäftigen.

Haider – das war Kärnten, und nach Kärnten waren wir eigentlich nie in Urlaub gefahren, wobei mir nur ungefähr aus halbblauten Kindheitserörterungen im Gedächtnis geblieben war, daß wir keine Lust darauf hatten, an feuchtfröhlichen Abenden das Horst-Wessel-Lied zu hören. Wir bemerkten natürlich, daß eine Menge deutscher Mitmenschen gerne, sehr gerne dorthin fuhr. Da blieb einem nur Bayern, in das meine Mutter zur Kur fuhr und selbstverständlich darauf achtete, daß die Ursache ihrer Herzschwäche und anderen Zerrüttung niemandem dort offenbar würde. Wir liefen in den anwendungsfreien Tagen um den Tegernsee und besuchten den als Attraktion angegebenen Friedhof in Rottach-Egern. Als ein Kleinod, geschmückt wie eine Braut, lag er vor dem Besucher aus, der sich an ihm erfreute wie an den mit üppigen Geranien geschmückten hölzernen Balustraden der Gasthöfe. Wir stolperten am Grab des Dichters Ludwig Thoma vorbei, bei Ganghofer schon etwas schneller und bei dem weltberühmt gewordenen Sänger Leo Slezak, der auch heutzutage noch immer gern aufgesucht wird, hatten wir es dann direkt eilig und blieben nicht stehen. Nicht, daß ich damals gewußt hätte, wie dieser strahlende Operntenor im »nordisch« gewordenen Kulturleben präsent geblieben war …

Zurück zu Österreich: In den achtziger Jahren schließlich überredete mich ein Freund doch wegen der unvergleichlichen Berge, und ich logierte drei Nächte bei einem sehr freundlichen alten Bauern, der am Abend vor der Abreise seine ungebrochene Hitler-Sympathie kundtat, die etwas mit einer Aussicht auf Schuldenerlaß für die armen Leute zu tun gehabt habe, wie er sagte. Das sind zugegebenermaßen etwas reduzierte und vereinfachende Einblicke in das System Österreich.

Trotzdem habe ich sie nicht vergessen, Kurt Waldheim ohnehin nicht und nehme jetzt wahr, wie besorgt österreichische Intellektuelle, Künstler und andere sind. Ich denke, sie kennen ihren Haider und Österreich besser als ich. Der Mann ist, soweit ich weiß, mit sozialen Phrasen in den Wahlkampf eingetreten, die bereits jetzt schon – Wochen nach der FPÖ/ÖVP-Koalition – nicht nur keine Bedeutung mehr haben, sondern drastische Einschnitte mit sich bringen. Das kann Haider nun getrost auf die ÖVP laden. Daß er Demokrat sei, erklärt er selbstverständlich, und ließ seinen Wahlkampf in Wien mit ausländerfeindlichen Parolen führen. Es kommt Jörg Haider nun zupaß, daß das andere – demokratische – Parteien auch häufiger tun. Auch macht er sich den Umstand zunutze, daß Wahlversprechen, politische Realität, Machbarkeit, Verrat und schlichtes Anlügen der Bevölkerung auch in allen möglichen Politfamilien vorkommen. Warum soll er sich schämen? Er bekennt sich immer mal wieder, schwächt ab und läßt dann die nächste rechtspopulistische Bemerkung fallen.

Ich glaube, daß es ganz falsch ist, diesen Mann nach seinem Programm zu fragen. Er selbst ist das Programm. Die Macht – die wieder wollen auch viele, nur daß es jemand so unverhohlen tut, indem ihm alles recht ist, ist nicht immer verbreitet und vor allem hat sich daran – noch – niemand gewöhnt. Haider ist ein Chamäleon, ein Typ, der kein Problem damit hat, allerlei Schattierungen anzunehmen. Seine jetzigen Gefolgsleute, und das sind sie, haben sich unter anderem mit Zuwendungen an schlagende Burschenschaften hervorgetan. Mir ist es nicht egal, ob ein Frauenhaus, ein multinationales Zentrum oder eine Burschenschaft Geld erhält. Es ist in vielerlei Hinsicht teuer, darauf zu warten, ob und inwieweit es dieser Mannschaft gelingen wird, etwas zu zerschlagen, das man ja nach ihrem Abtritt wieder aufbauen könnte.

Einer, der in der letzten Zeit dauernd was zu sagen hat, hält das für den Einzug der Moral in die Politik und mithin für besonders absurd. Ach – das könnten wir eigentlich zum Anlaß nehmen, auch für die übrigen parteipolitischen Vorhaben mehr Moral einzufordern. Warum die wohl alle so blaß aussahen in der Diskussion mit ihm? Überheblich uninformiert. Andererseits sehen auch überlegte differenzierte Sätze häufig blaß aus gegenüber Worten, die Schlagfertigkeiten demonstrieren, auf Effekte berechnet sind und etwas mit Punktsiegen zu tun haben. Das ist das eine, und das andere ist die Sache mit der Lüge.

Meine Freundin war mal mit einem Hochstapler liiert. Er war den ganzen Tag dabei, ihre Wahrnehmung zu desorientieren. Als sie das Portemonnaie suchte, war es doch

gerade eben – mit ihm an ihrer Seite – mitten im Kaufhaus gestohlen worden. Er ging sogar hin und erstattete bei der Polizei die Anzeige, beschrieb inbrünstig zwei dunkel – natürlich – aussehende Personen, die schnell fortgegangen seien. Bis sie bemerkte, daß er log, und zwar immer, war der Schaden schon enorm. Sie war, weiß Gott, nicht blöd. Aber niemand ist gewöhnt, mit jemandem zu leben, der etwas spricht oder genausogut etwas anderes spricht. Ob er das meint, sei dahingestellt, und ob er was anderes meint, auch. Damit ist der Kontrakt zur Verständigung zerbrochen. Jörg Haider kann sich auch gerieren wie ein netter Agent für Skimoden, der auf jeden Fall auch selbst gut fährt. Nur die Sache mit dem Skifahren war immer schon die, daß man dabei ein »Heil« rufen kann.

Ich verehre das Werk von Ingeborg Bachmann. Ich habe Achtung vor den Arbeiten Elfriede Jelineks, Ernst Jandls und Josef Winklers. »Am liebsten weggehen« ist ein Grundgefühl in den Debatten dieser Wochen in Österreich – neben dem trotzigen »Jetzt-erst-recht«. Wann beginnen die Menschen Angst zu haben? Es ist ein Unterschied, ob die gesellschaftliche Atmosphäre vom Stammtisch oder von der Regierung vergiftet wird. Die Tourismusbörsen in Österreich meldeten Stornierungen aus Belgien; ob die amerikanischen Touristen noch Lust haben, wird sich zeigen. Es ist vollkommen legitim, seine Meinung zum Ausdruck zu bringen – das geht mit dem Geldbeutel schon. Da braucht man auch keine Probleme wegen der inneren Einmischung zu haben. Man geht halt nicht hin.

Niemand muß die Delegation der CSU begleiten, oder? – womit wir wieder in Bayern wären.

Und manchmal, manchmal kann man sich doch die Frage stellen, wo einer herkommt. Wir haben in Deutschland nicht so reichlich Personen, die aus nicht belasteten Zusammenhängen kommen. Da ist Demokratie sowieso fragil; und eben deshalb muß man dann nicht gänzlich ignorant gegen die Herkunft werden.

Die beschlossene Erinnerung. Zahltag

»Ich brauche keine Familie«, sagt Mr. Bo, mein Freund,
– den ich Mr. Bo nenne, weil ich niemals wagen würde
zu sagen, wie er wirklich heißt und weil das auch nie-
manden was angeht und außerdem privat ist, also »ich
brauche keine Familie«, sagt Mr. Bo, als nach sechzig
Jahren ein spanisch sprechender Mann mittleren Alters
vor seinem Haus in Hamburg stand. Er war das Kind
des als verschollen aufgegebenen, in die Emigration ge-
zwungenen Bruders. Er hatte irgendwo im fernen Me-
xiko nach vielen Jahrzehnten von seinen Onkeln ge-
hört, lange nach dem Tod seines früh verstorbenen
Vaters. Und als er dann da stand, konnte er nicht mit
ihnen sprechen. Er stand in diesem Jahr vor seinem
Haus, können Sie sich das vorstellen? In diesem Jahr –
und sie wußten nichts von seinem Vater, seit er 1936 die
Emigration geschafft hatte. Mr. Bo ist jetzt alt und ein-
sam, wie alle, denn die anderen alle sind »weg«, wenn
Sie verstehen, was ich meine? Was soll er anderes sagen,
jetzt, wo es zu spät ist, als daß es zu spät ist und er keine
Familie braucht.»Er braucht sie, der junge Mann,« sagt
Mr. Bo, »nicht ich.«

Nach einem erregenden Hin und Her hat der Deutsche
Bundestag am 6. Juli 2000 in dritter Lesung ein Gesetz beschlossen, von dem man auf Anhieb nicht meinen dürfte,
es sei möglich, über diesen Gegenstand überhaupt zu be-

schließen. Es liegt ein Gesetz vor zu »Erinnerung, Verantwortung und Zukunft«. Noch nie war die Einmütigkeit so groß zwischen den Parteien wie in dieser Frage, schrieben die Zeitungen.

Gesetze zum Mutterschutz, Kindergeld und Steuerfragen und nun ein Gesetz über den Erwerb einer Moral, einer gewissen jedenfalls. Es wird im Ernst niemand leugnen, daß zumindest Erinnerung und Verantwortung, bei Zukunft weiß ich das weniger genau, etwas mit Moral zu tun haben.

Ich spare mir jetzt, von der Zahlungsmoral der deutschen Firmen zu sprechen und ich spare mir auch eine Erörterung über den starken Impuls, sich Klageverfahren vom Halse zu halten, wenn man denn endlich etwas zahlte oder zumindest ein Entschädigungsbegehren »freiwillig« anerkennen würde. Täglich schaue ich in die Liste der der Stiftung beigetretenen Firmen. Ich könnte auch täglich die Liste der nicht beigetretenen anschauen. Das lasse ich aus praktischen Gründen sein. Selbst wenn ich mir von den Gewerbetreibenden nur etwa die Hälfte, die größeren anschaute, dann wären es ungefähr 100 000. Das ist unrealistisch. Mühsam klettert das Barometer die letzten Stellen vor dem nächsten Tausender weiter. Und es gibt einen Beitritt und noch einen und da noch einen … Die meisten davon sind Gründungen nach 1945.

Wem wollte man zahlen, wem nicht …? Stellen Sie sich vor, es hätten doch mehr überlebt, als man gemeinhin glaubt. Dann würde das unbezahlbar. Also werden Kategorien geschaffen, auch wenn sie im Einzelfall nicht passen würden, und Herr X und Frau Y haben demnach nicht zahlungsfähig gelitten, weil zum Beispiel für diese Opfergruppe, im Gesetz genannt »Rest der Welt« – Sie können mir glauben, es stand so darinnen – vielleicht nicht genug vorgesehen war und sie zum Zeitpunkt der Abfassung des Gesetzes noch keine Vertretung hatte. Kein richtiger Lobbyist dagewesen … So wird es kommen. Anderseits hat der griechische Mensch, der ein halbes Jahr im deutschen Konzentrationslager litt und nur geschunden wurde, ohne für die Firma Thyssen produktiv gewesen zu sein, sozusagen nur für den Lagerkommandanten oder nur Steine hin und Steine zurückschleppte, der hat keinen Anspruch auf nichts.

Reparation sei für ihn kein Thema, hatte der sozialdemokratische Bundeskanzler Schröder mitten in der Hochstimmung der erfolgten Einigung und der Beschlußfassung des Gesetzes in seltener Einmütigkeit im Deutschen Bundestag erklärt. Ein kalter Satz, ein unangemessen harter und autoritärer Satz. Wer hat wem zu danken?

Die deutsche Wirtschaft hat bereits beim Aufbringen von 5 Milliarden erbarmungswürdig die Hände gerungen, die Betriebe der öffentlichen Hand sollten ihr zugeschlagen werden, damit sie ihr unterschriebenes Soll erfülle – in letzter Minute erst wurde für die Summe garantiert – eigentlich wollte man erst zahlen, wenn man die Summe aufgebracht hätte ... Ein Fetzen Papier, hinübergereicht an den Bundesfinanzminister ...

Die Vermögensschäden sollen berücksichtigt werden, steht im Gesetz zur Erinnerung: Zwischen 12 bis 13 Milliarden Reichsmark schätzten die Nationalsozialisten schon selbst; dann die Währungsreform. Was ist da angemessen?

Jemandem, der in Prag oder woanders in Osteuropa in Millionenhöhe vom Großdeutschen Reich bestohlen wurde, wird zugestanden, bis zu maximal 15 000,- DM Entschädigung erhalten zu können; eine Summe, von der zunächst unmittelbar höchstens die Hälfte auszuzahlen ist. Dazu ist eigentlich nichts zu sagen.

Im Regierungspapier stand, man könne noch aufstokken, wenn sich die Schätzungen als zu niedrig erweisen sollten. Tatsächlich sind die mittel- und langfristigen Finanzierungen in der Schwebe. Oder möchten wir uns lieber auf die Mortalität verlassen? In jedem Jahr sterben fast zehn Prozent der Menschen, die einen Anspruch gehabt hätten. Und was ist mit den Kindern; die Kinder, die im KZ waren? Sind sie nicht vorgesehen im Gesetz? Die Frauen aus den Haushalten auch nicht. Warum nicht? Merkwürdigerweise wandern jetzt die Akten der Oberfinanzdirektion von Berlin nach Potsdam. Warum? Ach ja, und im Bundesarchiv sind auch noch Akten. Wie soll eine Privatperson ihren Lebenslauf suchen gehen? Kafkaesk. Auf Honorarbasis helfen jetzt welche die Berichte lesen; die brauchen psychologische Betreuung. Das hatten ihre Großväter und -mütter nicht erzählt. Nicht so konkret und im einzelnen – für den Fall der Frau Freund oder des Herrn Schwerdt. Was sie da lesen, rückt das Dantesche Inferno etwas näher heran an die Hände von Großonkel und -tanten, an Knochenbrecher-Hände.

Ich hatte eigentlich immer gerne Bahlsen-Kekse gegessen. Sie haben so etwas Beständiges an sich. Lösen sich im Mund zu einem süßen Brei auf und wenn man will, kann man Kalten Hund damit machen. »Qualität seit 1889« – »In jedem Leibniz-Keks stecken sorgfältig ausgewählte Zutaten und 100 Jahre Backtradition.« Kundeninfo: Tel. 0180–5 30 23 30 www.Leibniz.com, Hannover. Auf der Packung steht hinten das Kleingedruckte: Zutaten: in mehreren Sprachen. Ich stelle mir vor, da stünden die Namen der Zwangsarbeiter, Vor- und Nachname, das Eintrittsdatum und vielleicht ein Austrittsdatum. Sie wollten nicht zahlen. Im Dezember 1999 gaben sie schließlich nach. Unter dem Internet-Stichwort »Geschichte« gibt die Firma an: »1933 – Die *Express*-Dose wird ein Verkaufsschlager für ein Vierteljahrhundert. ... (ein Pfund Kekse für 1,– RM) ... vier Millionen verkauft. Zu dieser Zeit sind 1400 Mitarbeiter bei Bahlsen beschäftigt. 1935 – Beginn der *Salzletten*herstellung. 1939 – Zwei Monate nach dem 50jährigen Jubiläum bricht der zweite Weltkrieg aus. Die Lebensmittel werden rationiert ... Viele Arbeitskräfte werden zur Wehrmacht eingezogen ... Notverpflegung für die Wehrmacht und Knäckebrot werden in die Produktpalette aufgenommen.«

Ich hatte nicht gewußt, daß Knäckebrot und der Überfall auf Polen – das ist ein anderer Ausdruck, ich weiß – ...»1943 – ... Bombenangriffe ... sucht Bahlsen Läger und Produktionsstätten außerhalb Hannovers. In Gera/Thüringen ... Ausweichlager eingerichtet. Auch Bahlsen hat in den Kriegsjahren Fremd- und Zwangsarbeiter beschäftigt, vorwiegend Frauen, in der Produktion eingesetzt. Sie arbeiteten gemeinsam mit den deutschen Beschäftigten unter den gleichen Produktionsbedingungen und erhielten die selben Löhne wie die deutschen Arbeiter, darüber hinaus wurden die damals üblichen Sozialabgaben wie Renten- und Krankenversicherung geleistet. In Archivquellen und Schilderungen von Zeitzeugen werden Arbeitsbedingungen als vergleichsweise ›ordentlich‹ bezeichnet.«

»Ausbruch« des Zweiten Weltkriegs und »fremde« Arbeiterinnen an der Keksmaschine ...»Dennoch sieht sich das Unternehmen in einer moralischen Verpflichtung und ist dem Stiftungsfonds der deutschen Industrie für die Entschädigung ehemaliger Zwangsarbeiter in Deutschland in der Zeit des Zweiten Weltkriegs beigetreten.« Nun ja, gezwungenermaßen.

Die Klage der heute noch lebenden 61 Bahlsen-ZwangsarbeiterInnen wurde wegen Verjährung in Hannover abgewiesen. Sie hatten einen Anspruch zwischen 30 000 und 40 000 DM geltend gemacht. Manch einer fährt besser, wenn er beitritt.

Jedenfalls verfügte die Firma 1951, sechs Jahre nach Kriegsende, wieder über einen prosperierenden Betrieb mit 2200 Mitarbeitern, ihre erste Exportlieferung ging in die Schweiz.

Krups in Solingen hatte diese Espressomaschinen hergestellt, aus denen der Kaffee mit Hochdruck heraus-

schießt und in dünnem schäumigem Strahl in die Tasse rinnt. Sie hätten jetzt andere Sorgen, haben sie der Journalistin von der Frankfurter Rundschau gesagt, bis sie sich auch schließlich zum Beitritt bequemten.
»Nimm die Filter von Melitta«, sagte die Nachbarin zu mir. »Die benutze ich immer.« Wir nahmen uns von dem Gebäck auf dem Tisch und schoben das springende Niedersachsen-Pferd in den Mund – seit 1896.
Ich lieh ihrer Besucherin aus der Schweiz die Zeitung. Als sie die Sache mit den arisierten Gold-Konten las, sagte sie: »Ich weiß jetzt, warum bei uns kein Mangel war und mein Mund war immer voller Schokolade.« Sie mochte die Schokolade ihrer Kindheit nicht mehr. »Man sollte etwas gegen die Medien unternehmen«, sagte die Nachbarin.
Manchmal dachte ich, diese Verhandlungen wären eine Fortsetzung der anti-amerikanischen Kriegshandlungen wie die Fortsetzung von Spielbergs »Der Soldat Ryan« in zivilen Prozeßstückchen. Ein gewisser beständiger Anti-Amerikanismus war unüberhörbar, die vorgeblich niedrigen Motive US-amerikanischer Anwälte dankbares Thema, anstatt der Erkenntnis, daß jene unmoralischen Anwälte den deutschen Betrieben letztlich zur Moral verholfen hatten.
Zurück zur Moral in Gesetz und Familie.
Wir sind gewöhnt, die moralischen Fragen als persönliche aufzufassen – etwa in dem Sinn »Hat dir deine Mutter nicht beigebracht, daß man nicht lügt.« Alles ist anders bei der Frage der Erinnerung und Verantwortung. Hier wird niemand der Mutter, sie wird ja mit Vorliebe als alleinige Trägerin der Werte in der Familie angesprochen, die Last aufbürden, auch nicht wem anders. Denn Erinnerung zu haben, gehörte noch niemals in den Katechismus oder in andere Codices der Gesellschaft. Erinnerungslosigkeit ist gewissermaßen erlaubt. Außerdem ist die Verteilung der Sozialisationsleistungen hier anders. Die relative ge-

sellschaftliche Ferne der Frau und Mutter zum politischen Leben wird in den Familien unterstellt, so daß ihre Äußerung auch nicht unbedingt erwartet ist oder fehlt.

Es hat dennoch seine Richtigkeit, wenn ich von der Familie zuerst spreche, bevor ich über solche vergleichsweise abstrakteren Subjekte wie »Der Gesetzgeber« oder »Die Gesellschaft« rede. Die Familie ist der erste Ort auch der Erinnerung, auch der unterlassenen. Hier verwebt sich die persönliche Biographie mit »Gesellschaft«, »politischer« Tat oder duldender Teilhabe des handlungsmächtigen Einzelnen.

War es Hanna Krall, die einmal beschrieb, wie die polnische Mutter zu ihrem Kind sagt, Du wirst doch nicht spielen wollen, wenn die Deutschen in Warschau einmarschieren ... oder so ähnlich. Oder war das bei Andrzej Szcypiorski. Daran kann sich das einstige Kind noch heute erinnern, an diesen Konsens zwischen der polnischen Gesellschaft und der polnischen Familie. Nach allen Recherchen der Historiker über die Akzeptanz des Nationalsozialismus durch die Mehrheit der Bevölkerung Deutschlands ist anzunehmen, daß diese Kongruenz im wesentlichen hier auch bestanden hat. Nur ist sie als Erinnerung des alt gewordenen Kindes verbannt. Als Überlieferung der Großelterngeneration ist sie allerdings präsent und unwidersprochen, weil der Diskurs mit der Eltern-Generation fehlt. Und in diesem Klima haben wir nun stattdessen die verspätete öffentliche Erinnerung.

Wir sind auf diese Weise mit dem Problem konfrontiert, daß moralische Fragen öffentlich und gesellschaftlich geworden sind, ohne daß sie ihren Ort in der Familie gehabt hätten. Die Untersuchungen über die Familie, über die Weitergabe der Erfahrungen und Gedanken über den Nationalsozialismus – Birgit Rommelspacher, Gabriele Rosenthal und andere thematisieren diese Leerstelle, die Auslassungen, Unterlassungen und das Banalisieren von Erinnerung. Sie sprechen auch von einem Interpretationsmonopol durch die Großeltern, die Entlastungsreden an ihre Enkel weitergeben.

In dieser Situation signalisiert der öffentliche und politische Raum, hier repräsentiert durch den Deutschen Bundestag, etwas anderes, und zwar eine Erinnerungsgesetzlichkeit: zur Entschädigung der ehemaligen Zwangs- und Sklavenarbeiter. Allein die korrekte Benennung der Sklavenarbeit als Sklavenarbeit birgt eine Provokation in sich. So hat bisher überhaupt noch niemand über das gesprochen, worum es geht. Andererseits dürfte auch die Benennung der Anspruchsberechtigten im Diskriminierungsgefälle ihres Wohnsitzes als »Rest der Welt«, wie es im Gesetzentwurf steht, ohne Beispiel sein. Dieser »Rest der Welt« überlegte sich unter anderem, ob er das Goethe-Institut in Athen beschlagnahmen soll, wenn denn die Zahlungswilligkeit der Bundesrepublik Deutschland griechischen Opfern gegenüber nicht Fortschritte macht. »Im Gedenken und zu Ehren derjenigen Opfer, die nicht überlebt haben,« soll er (der Stiftungszweck d. Verf.) auch Projekte im Interesse ihrer Erben fördern. Ist das nicht seltsam? Und zu Ehren der Opfer, die überlebt haben, was? Das Geld? Als ob derjenigen, die überlebt haben, nicht zu gedenken oder zu ehren sei. Nun, so wird das keiner gedacht haben. Aber scheinbar ist jetzt alles auf den Kopf gestellt. Es ist ja nicht ein höherwertiges Gut, nicht überlebt zu haben – oder?

Außerdem bittet der Deutsche Bundestag »die Sklaven- und Zwangsarbeiter um Vergebung für das, was Deutsche ihnen angetan haben.« Das muß der späte Nachsatz zu Elie Wiesels Aufforderung an den Bundespräsidenten im Januar 2000 zum »Tag des Gedenkens an die Opfer des Nationalsozialismus« gewesen sein. Elie Wiesel hatte hier gesprochen, und in seiner Rede klingt mir nach, wie er das »why« wiederholte. »Why«. Er bat damals den Bundespräsidenten Johannes Rau, der dort saß – auch Wolfgang Thierse, der Bundestagspräsident, sie beide saßen ihm direkt gegenüber – er forderte Johannes Rau auf, bei den Überlebenden um Vergebung zu bitten, für das, was die Deutschen ihnen angetan hatten. Offenbar hatte Johannes Rau dies auf einer Konferenz gegenüber einer dort anwesenden Gruppe von Leuten, die Auschwitz überlebt hatten, getan. Nun wollte Elie Wiesel, daß dies noch einmal in dieser anderen Öffentlichkeit, im Bundestag, aus Anlaß des Gedenktags geschehe.

Ich habe mir damals überlegt, wie seltsam es war, daß der Bundespräsident, der Bundestagspräsident und alle Mitglieder des hohen Hauses dann anschließend aufstanden und hinausgingen, nachdem sie Elie Wiesel applaudiert hatten. Die Kameras wurden ausgeschaltet, alle fanden, daß es eine gelungene Veranstaltung gewesen war mit Giora Feidmann an der Klarinette. Warum hatte der Bundespräsident Elie Wiesels Bitte nicht entsprochen, sofort und in diesem Moment? Ihm wenigstens geantwortet. Waren wir bei Hofe und der Zeremonienmeister hatte kein O.K. gegeben?

Andererseits ist diese Sache mit der Entschuldigung in der deutschen politischen Öffentlichkeit etwas seltsam. Die deutsche Entschuldigung kann sehr schwach und unangemessen sein. Wer der Anwesenden hätte denn in den vergangenen Zeiten eine Sprache mit den Toten geführt? Die haben die Einsamen geführt, Sarah Kofmann, Elie Wiesel, Jorge Semprun – sie alle kehrten wieder und wieder an die Totenstätten zurück. Könnte es sich um Stätten der »Ent*schuld*igung« handeln, wohl kaum. Gegenüber den Lebenden auch nicht. »Entschuldigen Sie, daß ich Sie töten wollte.« »Entschuldigen Sie, daß ich Sie beinahe getötet habe.« »Entschuldigen Sie, daß ich Ihnen Alpträume bereitet habe.« »Entschuldigen Sie, daß mein Vater, mein Großvater das getan hat.« »Entschuldigen Sie, daß sich meine Mutter damit beschäftigt hat, wie Sie sterilisiert werden.« »Entschuldigen Sie, daß wir Sie bei der Arbeit verhungern ließen ...« Es handelt sich ja nicht um einen ungerechtfertigten Korruptionsvorwurf oder ähnliches. Es ist auch nicht möglich, daß die deutsche Ehre – eine Erste Weltkriegsehre wahrscheinlich – durch die Entschuldigung oder durch die Verzeihung wieder hergestellt werden könnte. Das wird sie zweifellos nicht. Wenn wir es stattdessen mit dem Begriff der »Vergebung« versuchen, so ist er stark an den christlichen Glauben gebunden. Wie soll die »Vergebung« eine Demonstration oder ein einigendes Band darstellen können für Menschen, die sich kaum oder gar nicht durch diese Werte gebunden fühlen? Auch in dem schließlich erschienenen Spendenaufruf an alle erwachsenen Deutschen, 20 DM zu zahlen, geht es darum, »Vergebung« zu erlangen. Diese moralischen Angelegenheiten haben doch eigentlich seit Tetzel, gegen den Luther zu Felde zog, nichts mit einem Handel zu tun, oder irre ich mich da? Ginge es nicht, du zahltest, ich nähme es an und wisse somit um dich – jetzt – wie es jetzt mit dir bestellt ist. Verlangst du Vergebung – darf ich nichts annehmen, wenn ich denn doch hinterlistigerweise nicht vergebe? Und ich nur weiß, weiß um dich und darum, wie es jetzt mit dir steht und du jetzt denkst, indem du mir dieses Symbol aushändigst?

Andererseits ist es nicht damit gedient, moralische Aufrufe so niederzuschlagen, daß doch hier die deutsche Wirtschaft in der Pflicht sei und man auf keinen Fall die Wirtschaft entlasten dürfe. Es handelt sich hierbei offenbar um eine latent marxistische Moralität, die wir aus den ersten Faschismus-Analysen schon kannten. Da war es das Großkapital und sonst niemand. Wolfgang Benz – er war nicht der einzige – fragte zum Beispiel, warum ein »18jähriger eine größere Moral entwickeln (soll) als eine Konzernleitung?« und war dagegen. Darauf kann man entgegnen, warum nicht? »Warum soll ein 18jähriger keine größere Moral entwickeln als eine Konzernleitung?« Wenn die Volksgemeinschaft partizipiert hatte – ich setze das nicht in Anführungsstriche, hätt' ich schon gerne –,

dann können die später Geborenen, die teils auch nicht
später sind als die Nachfolge-Firmen, sich auch in der Verantwortung fühlen. Warum werden die alle von vornher-
ein entlastet? Ob sich dann wer »belästigt« (Wolfgang
Benz) fühlt oder nicht, ist das wichtig? Wenn nur wenige
spenden, spenden nur wenige; wenn nicht, dann besser.
Vom DGB war gleich nahezu nichts zu hören, vielleicht
trat er ja auch keine Nachfolge an – oder wer anders als
eine Arbeiterorganisation sollte Arbeiterinteressen vertreten und Arbeiter, das waren die Zwangs- und Sklavenarbeiter ja wohl ... Nein, da bin ich ganz gegen die
Entlastung der »Volksgemeinschaft« und gegen die aus-
schließliche Konzentration auf das Großkapital.

Dennoch bleibt das Zahlungsziel – neben der direkten
Zahlung an die Menschen – merkwürdig: Wie ich die Dinge drehe und wende, es scheint nicht zu passen diese Entschuldigung oder der Wunsch, Vergebung zu erlangen –
Elie Wiesel muß selbstverständlich angenommen haben,
daß auf den Deutschen ohne diese Vergebung gewissermaßen ein Fluch laste oder die Hölle, wenn sie denn diesen Dispens nicht erhielten, einen Bezug, den die Deutschen meines Wissens nicht sehen – auch wurde der Bitte
nicht entsprochen, als sie gefordert wurde, obgleich Johannes Rau aufgrund seiner eigenen theologischen Bezü-
ge diesem Gedanken sicher eher nahe steht. Hätte der
Bundespräsident gesprochen, wie hätte er dann gesprochen? – Vergeben ... verzeihen, Schuld erlassen, versöh-
nen ... Hätte er sagen können, er spricht im Namen des
deutschen Volkes die Bitte um Vergebung aus oder bittet
die Entschuldigung anzunehmen? Hätte er gesagt, wir
entschuldigen uns? »Vergeben Sie uns« kann von diesem
Ort aus nur jemand formulieren, der sich sicher wähnt,
daß eine Mehrheit in Deutschland meinte, unter den Eltern und Großeltern seien welche, die Sünden begangen
hätten, wüßten also, daß sie sich versündigt hätten gegen
und an den Menschen und dem Gott. Es will mir nichts

anderes einfallen an dieser Stelle, als der Kniefall von Willy Brandt in Warschau. Erinnern Sie sich? Diese Geste machte einen ungeheuren Eindruck auf mich, auch, weil sie vielleicht nicht vorgesehen war – dieser Kniefall hat aber auch deshalb einen solchen Eindruck auf mich gemacht, weil ich mir ganz sicher war, daß Willy Brandt nicht gläubig war. Sich beugen vor dem als minderrassisch geschmähten Volk ... Verstehen Sie? Wie diesem Ungläubigen die Geste der Gläubigen möglich war ...

Irgendwie breitete sich während der Zeremonie noch ein anderes Gefühl aus. Kann denn so ein x-beliebiger Jude dem Bundespräsidenten sagen, er soll jetzt sofort um Vergebung bitten. Und der Bundespräsident würde sich erheben und tun wie geheißen? Nun ist Elie Wiesel zweifelsohne kein x-beliebiger Jude, aber sehr betont hatte er seine Rede so gehalten, wie jemand für den Juden x und y spricht. Und ist eigentlich hauptsächlich eins: Jude eben. Mag sein, ich transportiere jetzt das erfolgreich eingepflanzte Gefühl der Minderwertigkeit als Jude und stülpe es als eigenes Problem dem armen Herrn Präsidenten über. Mag sein, mag sein.

Trotzdem führe ich die Sache mit der Vergebung, der Entschuldigung – und der Verzeihung einmal weiter: Schon das erste frei gewählte Parlament der DDR hatte das jüdische Volk und das Volk Israel um »Verzeihung« gebeten. So ein bißchen Kritik und Selbstkritik haftet der Sprache an. Ich bitte um Verzeihung, Verzeihung, verzeihe mir. Herr, verzeihe mir – Mama, verzeihe mir ... heiliger Berg, Du Geist der Toten, verzeihe mir ... Höre ich da auch die kindhafte Unterordnung, Unterwerfung unter etwas, das mächtig und übermächtig erscheint, heraus ...? Geht diese Sprache weg von der Handlungsmächtigkeit einer jeden Person, höre ich die Furcht vor der Strafe ... ist es die Furcht vor der Strafe, die den Handelnden klein und kindlich macht, denn nur ein Kind kann der Strafe entgehen, weil es ein Kind ist? Ein Kodex, der in der Gesellschaft Gültigkeit behalten hat aber nicht galt für die jüdischen Kinder, Zigeunersäuglinge und Zwangsarbeitergeborenen ...

»Der Deutsche Bundestag bittet die Sklaven- und Zwangsarbeiter um Vergebung für das, was Deutsche ihnen angetan haben.« Oben auf dem Briefkopf: 14. Wahlperiode Drs. 14/... Entschließungsantrag. Drucksache 14/3206.

Ich versuche es praktisch, konkret: Der Deutsche Bundestag bittet dich, E., den Vater meiner Freundin Raika, um Vergebung, für das, was mein Vater und mein Großvater als Deutsche und mehrere andere Deutsche dir angetan haben.« Das Absurde liegt darin, daß es sich im bürgerlichen Leben und in mit dem Gemeinsinn gewöhnlicher Lebenswelten ausgestatteten Umständen um Straftatbestände handelt: Freiheitsberaubung, Verschleppung, unterlassene Hilfeleistung, Mord, Totschlag usw. War es für das Opfer von so hoher Bedeutung, daß der Täter ein Deutscher war?

Elie Wiesel spricht noch einmal darüber, wenn auch in etwas anderem Zusammenhang. Er erörtert die ein wenig üblich gewordene Attitüde, die Schande auf »die Nazis« zu verlagern, und »not the Germans«, sagt er in jener Rede vom 27.1.2000. Natürlich, sagt er weiter, waren nicht alle Deutschen Nazis aber: »I can tell you again as witness, I remember in those times that the word German inspired fears; we were afraid when we heard that the Germans were coming«. Wenn es in der Erklärung nicht den Nationalbezug zu den »Deutschen« geben würde, würde an dieser Stelle stehen, ... bittet um Vergebung für das, was unsere Väter und Großväter ihnen angetan haben ... Und das wäre wahrscheinlich das, was die nachgeborene Generation der Täterinnen und Täter, Mitläufer und Zuschauerinnen heute erschreckte ... die Entkleidung der Täter aus ihren allgemeinen und abstrakten Zusammenhängen zu Hand und Fuß, Bartstoppeln und küssendem Mund des Großvaters und Vaters. Oder die Hände einer Mutter, die aus der Nachbarwohnung den Mantel oder Geschirr holen, hinstellen und benutzen. Und nach 1945 weiter benutzen. Wenn man die Tat der Einbindung in die nationale Identität entkleidet, wird sie in einem gewöhnlichen Sinne verbrecherisch und tritt das Unrecht ohne ein Abstraktum dazwischen zutage. Wer dürfte wen anders verschleppen; wo steht, daß man das darf?

Es war ein langer Weg, bis das Gesetz zur Errichtung einer Stiftung beschlossen war. Viele Jahrzehnte sind verstrichen, in denen die Opfer die Zahlung hätten brauchen können. Besonders die Juden in Osteuropa. Sie sind einsam, alt und arm. Wo sind die Gemeinden, die sie hätten stützen können, die Freunde, die Familie, die hilft? Rund um sie herum ist es tot, weil die meisten getötet sind. Und wer nicht getötet ist, ist weggewandert.

Tja, vielleicht handelt es sich um ein Gesetz zur Hebung der Moral der deutschen Wirtschaft. Gesetz zur Errichtung einer Stiftung »Erinnerung, Verantwortung und Zukunft« – da kann man zustiften … man kann in die Erinnerung zustiften. »Vergebung« ist nicht käuflich meines Wissens. Leider. Wer richtig viel in die Kollekte gibt, hat doch eigentlich ein Recht auf Vergebung. Wenn der immer noch keine bekommt, ist das Betrug oder?

Ich spreche mit der Frau am Empfang. »Ja«, sagt sie, »o ja, es ist schon ein schweres Unrecht, das da begangen worden ist.« »Ja«, sagt sie, »ja, das stimmt. Es ist wohl wahr«, sagt sie, »daß da überall Zwangsarbeiter waren, das ist wahr«. »Ich weiß«, sagt sie, »meine Mutter hat auf dem Hof auch einen gehabt.« Ich gucke sie an. Sie deutet auf die Schlagzeile, daß die deutschen Firmen immer noch so zögerlich zahlen. »Schon schlimm«, sagt sie. Ich gucke sie an. Sie hat sich den Libeskind-Bau, das Jüdische Museum, in Berlin angesehen. Sie ist in-

teressiert an diesen Fragen. Ich gucke sie an, während
die Zeitung aufgeschlagen vor ihr liegt. Verstehen Sie,
warum mir der Gesprächsfaden bei diesen Themen zer-
reißt? Immer ist es so bei diesen Themen …

Unbetiteltes Stück

: »Erledigen Sie die Sache mit Auschwitz. Oder wollen Sie die mitnehmen ins nächste Jahrtausend?«
: «Nein, das kann niemand wollen. Ich auch nicht. Ich kann das auch nicht wollen. Ich werde die Sache mit Auschwitz erledigen. Ich verstehe ... Ich werde die Sache mit Auschwitz erledigen.«

In Memoriam

Jürgen Fuchs

Ich meine mich zu erinnern, daß das, was Jürgen Fuchs als letztes vor seinem Tod veröffentlicht hatte, seine Stellungnahme zu Martin Walser war. Er hatte sich darüber geäußert, wie seltsam es ist, daß ein Friedenspreisträger seine Rede mit einem leidenschaftlichen Plädoyer für einen Stasi-Spitzel, Herrn Rupp, beendet. Daß sich Martin Walser also nicht für welche einsetzte, die von den Spitzeln geschädigt worden waren, sondern für einen Täter, hatte nicht nur kein Befremden ausgelöst, es schien moralisch so unbedeutend, daß darüber hinweggehört worden war. Im Mai 1999 erlag Jürgen Fuchs einer Krankheit, von der bis heute nicht geklärt ist, ob sie ihm während der Zeit im DDR-Gefängnis und durch auf ihn angesetzte Informelle Mitarbeiter des Ministeriums für Staatssicherheit zugefügt worden ist.

Jürgen Fuchs ist tot. Mir ist, als hätten sie es damals nicht geschafft, ihn kleinzukriegen, aber doch – schließlich doch getötet. Sie, die Stasi, die Zersetzungskörper gegen den Mann. Isotope unter den Stuhl kleben, las ich neulich, sei ein Kampfmittel der russischen Mafia. Jürgen Fuchs war Schriftsteller und »Bürger«, sozusagen aus Passion geworden. Nachdem er einstmals Marxist gewesen, hat er sich abgewendet. Die Nationale Volksarmee hatte dem »Gläubigen« die Augen geöffnet. Er hat dann eine Entscheidung getroffen, wollte das Menschliche, wie er manchmal sagte, und das Menschliche war für ihn das Politische. So verstand er sein Schreiben als Spiegel nach innen und außen, und das Außen war ihm die Gesellschaft, das Plurale – »Kann doch jeder sagen, was er denkt«. »Sprich doch«, sagte er häufig. Er haßte nichts mehr als Totschweigen, Zumauern, Strukturen folgen und Mechanismen einhalten, wenn ich mal solch ein Sammelsurium an diesen Machtwörtern zusammenstellen darf. Er verlangte von sich eine Übereinstimmung zwischen seinem Schreiben, Denken und Handeln. Er spaltete sich nicht in ein schreibendes Ich und ein sonstiges, was ihm zuletzt im Zusammenhang mit dem Roman *Magdalena* den Vorwurf eingebracht hatte, er sei sein eigener psychiatrischer Fall. Mit solcherlei Geschmacklosigkeiten hatte er sich andauernd herumzuschlagen, er, der selbst Psychologe war. Hatte mit welchen studiert, die Stasi-Kumpels wurden und ihre berufliche Identität in der »Firma« fanden; und in der Skrupellosigkeit gegen ihn und andere. Jürgen Fuchs tat auch häufiger Dinge, die nicht opportun waren – spuckte in eigene Nester. Man kann nicht sagen, daß er das gerne tat, glaube ich nicht. Aber die Dinge quälten ihn so lange, daß er nicht anders konnte. Er war gewissermaßen mit einer fanatischen Zustandsehrlichkeit geschlagen. Das schuf ihm Feinde, manche fühlten sich genervt – diese ewig »authentische« Stimme … Ja und jetzt fehlt sie, jetzt fehlt sie und hat uns in ihrer Unabhängigkeit oft angestoßen, aufmerksam gemacht, bewegt, und irgendwie fühlte man sich gut, sozusagen demokratisch gut, zu wissen, daß es ihn gab.

Sein politisches Engagement hat immer wieder Folgen gehabt auch für die Bewertung seiner Literatur, die nicht selten mit Häme überzogen wurde, wenn es doch eher um die politische Differenz gegangen wäre. Natürlich hat er das gewußt, aber seine anderen, seine politischen Leben nicht lassen können und wollen. Wer hat die Wende in der DDR gemacht? Niemand, würde er sagen, hat sie »gemacht«, aber doch hat er mit seinem literarischen und politischen Schaffen zu jener kleinen Gruppe ostdeutscher Dissidenten gehört, deren Existenz über Jahre hinweg eine große Ermutigung für die Menschen gewesen ist. Und noch was – er ist einer von denen gewesen, denen es mit dem (unfreiwilligen, nach Haft abgeschobenen) Eintritt in den Westen nicht die Sprache verschlagen hat. Auch hier blieb er rebellisch, aufmerksam. Es war kein Mann, der Systeme wechselte und dann »zu«gehörte. Er kannte eigentlich nur eine Instanz, das war sein Gewissen – und Freunde. Das klingt pathetisch. Ist es auch. Denn er war außerdem notorisch bescheiden. »Auf dem Weg zum Briefkasten / Sah ich zwei große Hunde / Auf den Rücksitz / Eines Autos springen / Sie bellten nicht / Sie saßen sofort still / Ich ging weiter / Als sei nichts geschehen«.

Wahrscheinlich hätte er auch lieber über einen Aschenbecher geschrieben als über die Staatssicherheit. Aber er fühlte sich verpflichtet, um seiner selbst willen und um der Opfer willen, für die er sich auch als Stimme verstand. Für die Namenlosen, für die, deren Geschichte nicht öffentlich werden wird und die darum ohne Anteilnahme bleiben würden. Und wie ist es, wenn man nicht stark ist, wenn man mutlos ist und verzweifelt, erniedrigt? Er war schonungslos auch gegen sich selbst. Und voller Respekt gegen die, denen gegenüber ihm seine eigenen Erlebnisse schon fast unbedeutend vorkommen wollten, wie ich ihn in einem Gespräch über die Leiden der Leute in Südafrika einmal hatte sagen hören. Er schrieb politisch, ohne einen politischen Auftrag zu erfüllen. Er hätte auch keinen angenommen. Er war eben so. In gewissem Sinne waren seine Interventionen auch anmaßend, nicht wahr? Hielt er nicht seinen Finger hoch gegen die, die Vergessen predigten und die Seilschaften von gestern umarmten? Es war ihm egal, wie hochrangig der Vertreter geworden und Partei und hin und her. Es wirkte manchmal penetrant, wie er so Recht haben mußte. Und ich sage Ihnen, er hatte beschissen oft recht.

Aschenbecher und Radio 101,9

Über das Schreiben von Jürgen Fuchs

»Ein Soldat der Wahrheit« sei er gewesen, formulierte der Schriftsteller Hans Joachim Schädlich 1999 am Grab seines Freundes Jürgen Fuchs. Ich weiß noch genau, wie ich damals zusammenzuckte, denn Jürgen Fuchs hatte sich selbst fern allem Soldatischen sehen wollen. Ich habe über diesen Satz lange nachgedacht. Wahrscheinlich stimmt er. Der Soldat hat ja etwas auszuführen, das er sich nicht selbst auferlegt hat – im Negativen heißt das: Befehl und Gehorsam. Konnte es eine andere Deutung geben als dieses Negative? War Jürgen Fuchs nicht gewissermaßen in Dienst genommen durch einen Auftrag, dem zu entziehen er sich nicht vermochte? Eine moralische Instanz außerhalb der eigenen Person, vielleicht auch über ihm stehend, deren sich auf seine Moral beziehendes Gebot ausgeführt werden mußte? Ein über dem handlungsmächtigen Einzelnen stehender Wert, der sich in seiner Stimme materialisierte; materialisierte in Sprache, Wort und Person? Diese »Wahrheit« kommt uns geradezu gottgleich vor. So, als hätte sie sich ein Medium gesucht und es in Jürgen Fuchs gefunden.

Diese »Suche nach Wahrheit« und die christliche Ethik, auf die sich Jürgen Fuchs bezog, blieben in gewisser Weise prägend für seine Arbeiten. Es sind – vor allem im Späteren – Arbeiten eines Ruhelosen, eines, der manchmal einen getriebenen, umgetriebenen Eindruck machte – eben von einer Instanz bewegt, die außerhalb seiner selbst ih-

134

ren Platz hat und doch in ihm. Merkwürdigerweise muß ich an Rudi Dutschke denken, wenn ich von Jürgen Fuchs spreche. Beide hatten das, was man Charisma nennt – fanden Worte, die sie als Person selbst verkörperten, radikal verkörperten. Christlicher Humanismus marxistischer Herkunft … Ich könnte die Gemeinsamkeiten zwischen diesen beiden Menschen und Sprechern – ja, beide waren auch Sprecher – noch vertiefen, obwohl der eine vor den Massen als wortgewaltiger und theoretischer Denker erschien, der andere leiser, deutlich sprechend, manchmal wie für sich redend, das eigene Denken erwägend und auch in Zweifel ziehend. Für beide erschien es selbstverständlich, das Gesprochene zu leben – kompromißlos mit sich und anderen.

Einige Äußerungen, die Jürgen Fuchs gemacht hat, scheinen dem auf den ersten Blick zu widersprechen. Dann nämlich, wenn er sich gegen die »Pflicht« wehrte, Stellung nehmen, sich politisch äußern zu *müssen*.

Als Jürgen Fuchs im Jahre 1977 nach einjähriger Gefängnishaft aus der DDR herausgeworfen, gleichsam ausgespien wurde, wandten sich ihm und seiner Familie die Leute in Westdeutschland nun nicht selbstverständlich, anteilnehmend zu. »ICH WEISS / Wir werden sterben / In diesen Kaufhäusern / Noch bevor / Wir gelernt haben, die fremden Münzen / Zu erkennen / In unserer Hand / Denn diese Welt ist aus Stein / Und wir haben nicht / Ihre Kälte«, 1979 veröffentlicht in *Tagesnotizen* Gedichte. Nach 1989 beschrieben Leute aus Ostdeutschland ihr Empfinden ähnlich. Diese »Kälte«, wie Jürgen Fuchs es nennt, hatte verschiedene Ursachen. Unter anderen auch diese, daß die westdeutsche Linke – ich will das mal »disponiert« nennen – aus historischen Gründen selbst totalitär disponiert war. Die Freundesgesinnung hatte sich »anti-imperialistisch« zu erweisen, »anti-stalinistisch« weniger. Jürgen Fuchs sollte sich bekennen. Er sollte sich in seinem Schreiben als politischer Schriftsteller »bewähren«, und das hieß in diesen Zusammenhängen Stellung nehmen zu Chile, Nicaragua und anderen Ländern ... Jürgen Fuchs, dessen Stimme gegen Menschenrechtsverletzungen in Osteuropa, Birma, Südafrika und anderen Ländern zu hören war und der später im beruflichen Zusammenhang auch mit bosnischen und palästinensischen Flüchtlingen arbeitete, verweigerte sich. Für ihn wirkte die Zuschreibung strangulierend:»Ich muß nichts. Ich muß gar nichts. Ich kann auch über einen Aschenbecher schreiben«, sagte er 1993 einmal während eines Gesprächs in der Waldstraße. Mich hat das damals sehr beeindruckt, denn ich hätte es niemals für legitim angesehen, über einen Aschenbecher zu schreiben. Ich zitiere diese Äußerung, weil sie ein Licht auf den Ort wirft, den er für sich selbst bezeichnet.»Über den Aschenbecher ...« und »Radio 101,9 einschalten, da gibt es Jazz«, hatte er gesagt.

Tatsächlich hat Jürgen Fuchs nicht über einen Aschenbecher geschrieben, und meiner Kenntnis nach hat er das weder zu einem frühen noch zu einem späteren Zeitpunkt getan. Er hat nur auf dem Recht beharrt, das Interesse als Schriftsteller auf alles Mögliche, buchstäblich auf alles Mögliche, zu richten, ohne sich in einem Legitimationszwang befinden zu müssen. Er hat sich auch keinen politischen Auftrag gegeben oder geben müssen, sondern *war* politisch – neben anderen Zuständen, in denen er selbstverständlich auch Vater, Ehemann, Psychologe usw. gewesen ist. Und doch könnte ich sagen: er war Menschenrechtler, Bürgerrechtler von Beruf und Schriftsteller aus Berufung. Ja – auch in der vollen Bedeutung des Pathetischen, das in diesem Wort steckt; möglicherweise auch eine ganz eigene Form des Predigens findend.

Insbesondere aus den frühen Texten, den Gedichten, geht hervor, wie sehr ihm das Wort die Waffe schlechthin ist, Chance des Lebens und Überlebens; vielleicht auch eines ewigen Lebens? »PAPIER IST SCHNELL / Beseitigt: / Zerrissen / Zerschnitten / Zerknüllt / Und dann /

In diese Papierkörbe / Geworfen / Aber / Die Worte / In uns / Wohin / Mit ihnen? / Sie sterben doch / Nicht«. Sie sind das Gegenleben, *das* Werkzeug gegen die Diktatur: »Übersteht sie« (aus: Jürgen Fuchs, *Schriftprobe*). Jürgen Fuchs fühlte sich persönlich verantwortlich für seine Freunde und die Folgen der Diktatur. Möglicherweise in einem Maß, das seine Kräfte überstieg, die seiner Freunde jedenfalls oftmals. Wie ein Vermächtnis durchziehen sein Schreiben – ich denke jetzt insbesondere an *Magdalena* – die Toten. Sie, »die man für abwesend hält, werden zu Zeugen, die durch uns etwas aufschreiben möchten«. Dieser Satz stammt von der Algerierin Assia Djebar. Jürgen Fuchs selbst hat sich verschiedentlich auf Primo Levi bezogen. »Die Toten« sind ihm nicht Metapher, sondern gegenwärtig, konkret – ihre Spuren werden schreibend gesucht, damit er klagen kann, anklagen kann – mit den Mitteln, die eine Demokratie gegen Verbrecher hat – so schwach sie denn sein mögen. Dabei ging es ihm nicht nur um die Möglichkeit der Verurteilung – darüber machte er sich keine Illusionen –, sondern auch um die Veröffentlichung des Skandals. Im Schreiben werden nicht nur die Täter gesucht, sondern auch die Zuschauer. Ihm geht es auch um die Unterlassung, die eigene Unterlassung und darum, die eigene Schwäche aufzuspüren; auch darum zu gestehen. Wird hier nicht auch eine Schuld auf sich genommen, spricht er sich nicht selbst schuldig für die Schwäche und Ohnmacht vor der Diktatur? Unter anderen hat der Psychoanalytiker Léon Wurmser auf den Zusammenhang von Schuld und Scham hingewiesen. Er bezieht sich in *Die Maske der Scham* auf Micha Hilgers, der zu der Gruppe der Schamaffekte u.a. zählt: »Scham, die bei Verletzung der Selbst- und Intimitätsgrenzen wirksam wird, also bei Übergriffen aller Art; damit zusammenhängend … Scham, die bei aktiver Demütigung von außen erlebt wird.« (Vorwort zur 3. Auflage, XVIII) In *Fassonschnitt* wird das Zwiegeschehen von Narzißmus und dessen Kränkung, zwischen erlittener Scham und eigener Überhöhung einmal in dem Satz zusammengefaßt: »Ich komme mir gut vor und feige, gehorsam und beschissen.« »Ich« rettet sich mit Johannes Bobrowski, dem Wort im Spind. Und wäre der Roman eine späte Bitte um Verzeihung für den historischen »Fehler«, nicht Bausoldat geworden zu sein? »Schuldig werde ich so und so«, sagt der Ich-Erzähler in *Fassonschnitt*. Wie ist es so weit gekommen? Die Erklärung ist so banal wie zutreffend: »Ich war gesund, kerngesund«. Die Formel wird einige Zeilen später wiederholt: »Und gesund. Kerngesund.« Im Nachhinein wirken die penetrant vorgetragenen Satzfetzen gespenstisch. Was hat diesen »kerngesunden« Soldaten krank gemacht? Wer?

Immer wieder geht Jürgen Fuchs die Wege der Opfer nach, die abprallen an der Arroganz der Macht. Wie kann das Individuum seine Handlungsfähigkeit behaupten? In ihrem Aufsatz *Persönliche Verantwortung in der Diktatur* schreibt Hannah Arendt über die Voraussetzungen, die Menschen befähigen könnten, ihre Unterstützung zu verweigern: »Am allerbesten werden jene sein, die wenigstens eins genau wissen: daß wir, solange wir leben, dazu verdammt sind, mit uns selber zusammenzuleben, was immer auch geschehen mag.«

»Du schuldest dir noch / dein Gesicht.«, schrieb Jürgen Fuchs. Gegen die Doktrin des Kommunistischen, in dem das Kollektive das Absolute wird, setzt er das Individuum, das Ich. Es interessiert ihn dann eben auch nicht nur in den »Charaktermasken«, in der Ausgeburt der Macht, sondern in seinen kleinen und kleinlichen Facetten: im Erbärmlichen der Überlegenheit, der schleichenden Anpassung, der Häme, und bezöge sie sich bloß auf die Epauletten eines Unteroffiziers. Diese rigorose Einführung des Ich demaskiert überdies den Mann, zeigt ihn als Schwachen, Schwächlichen, manchmal auch Tumben. In diesem Schreiben offenbart sich ein universell orientierter Bezug zur Welt, den Jürgen Fuchs immer wieder versucht zu definieren für das Dorf DDR, Militär, für eine HO, eine EOS – für den Flecken Thüringen oder Jena. Jürgen Fuchs spricht über die Opfer, darüber, wie Menschen Opfer werden, wobei das Widerstanden-Haben ihm das Menschsein, das Subjektwerden, erst bezeichnet. Etwas, das niemand ein für allemal hat, sondern das eine Auseinandersetzung ist, die immer neu herausfordert und deren Ausgang ungewiß ist. »Ich kann offenbar so und so sein.« (Aus *Fassonschnitt*).

Die Subjektivität scheint mir literarisch durch den selbstgewählten Anspruch gebändigt, in die Schranken verwiesen, so daß Jürgen Fuchs Botschaften Ausdruck verleiht – in Umkehrung, könnte man fast sagen, der Figur des Helden in *Fassonschnitt*, der für die Kameraden im Politunterricht die *Wolokolamsker Chaussee* (A. Bek) zusammenfaßt. Auch Jürgen Fuchs faßt zusammen und wiederholt, als genügten seine Worte beim ersten Lesen nicht. Er scheint ihnen, ihrer Überzeugungskraft zu mißtrauen, kann sie in der Prosa anders als in den Gedichten nicht stehen lassen – dafür geht es um zuviel, – sie müssen unbedingt eindeutig sein. »Bleibt lesbar«, formulierte er seinen Wunsch an die Wörter noch als Student, ein Satz auch gegen die Un-Worte der DDR-Gesellschaft, gegen die Vergewaltigung des Wortes. Die Wörter sind hier seine Freunde, Papier der Tisch, an dem sie sitzen. Mit ihnen kommuniziert er wie mit seinesgleichen, wie mit verstandbegabten selbständigen Subjekten. Einerseits ist es der äußere Feind, der die Situation vollkommen bestimmt, andererseits geht es darum, wie sich der Einzelne dagegen aufbäumt und wieder als Subjekt setzen könnte. Wie kann jemand wieder stolz werden, der gedemütigt wurde, seine Würde erlangen, wenn er öffentlich beschämt wurde? »JETZT BIN ICH RAUS, JETZT / Kann ich erzählen / Wie es war / Aber das / Läßt sich nicht erzählen / Und wenn / Müßte ich sagen / Was ich verschweige« – Anfangszeilen aus *Tagesnotizen* Gedichte. Jürgen Fuchs kannte die zerstörerische Kraft der Zersetzung, persönlich und bei anderen. »Demütigung ist schlimmer als körperlicher Schmerz«, heißt es im Talmud. Das Schreiben in der Diktatur und gegen diese hat Jürgen Fuchs daran gehindert, eben jenen Aschenbecher zu beschreiben oder den Jazz in die Worte zu bringen. Das System selbst hat ihn bis ins Schreiben hinein durch jene gewählte Anbindung an die Moral des Widerstehenden, des Widerstands auch gebunden. Die Opfer sind real und haben Anspruch darauf, vertreten zu werden.

»Ich fürchtete das Schweigen mehr«, schrieb die palästinensische Autorin Sahar Khalifa einmal, als sie begann, schreibend an einem Tabu – hier die arabische Frau in der Männergesellschaft – zu rütteln. Und: »Mir war ihr Gerede recht.« Auch Jürgen Fuchs hatte sich mit seinem Schreiben immer wieder ins Gerede gebracht, auch in die üble Nachrede. Das hat er wohl gewußt und in Kauf genommen. Kränkend war es trotzdem.

Jürgen Fuchs war nicht nur vom Regime der DDR verfolgt; auch im Westen wurde sein Schaffen mit einer gewissen Regelmäßigkeit diskreditiert. Daran beteiligten sich nicht nur Seilschaften, sondern auch politisch nicht sonderlich profilierte Kunstschaffende – das Politische per se war in den späten Achtzigern und folgenden Jahren diskreditiert. Ein Luxus, der für die Verhältnisse unter und nach der Diktatur nicht passen konnte und für Jürgen Fuchs nicht annehmbar war. So ist er bei »seinem« Auftrag geblieben: ebenso wie so unterschiedliche Autoren wie Huschang Golschiri (Pseudonym Manucher Irani) in *König der Schwarzgewandeten* oder Jahre früher Oriana Fallaci in *Un Uomo*, ein Werk, das mir wie ein Wort gewordenes Denkmal für einen Mann vorkommen wollte, der der griechischen Junta widerstanden hatte. So unterschiedlich diese Werke in Form, Inhalt und Qualität sind, ihnen ist das Problem gemeinsam, daß die Schreibenden entscheiden müssen zwischen der Aufgabe, Zeugnis abzulegen, und der künstlerischen Gestalt: Zurücknahme der Kunst, größtmögliche Reduktion und Grenzen des Gestaltens in anbetracht des Verpflichtetbleibens gegenüber dem Gegenstand, ihrer Selbstverpflichtung, verbindlich zu bleiben. Den Spagat des Chronisten *und* Künstlers löste Jürgen Fuchs in der Prosa nicht.

Ich werfe einen Blick auf die Arbeiten anderer, die sich besonders mit dem Militärischen und der Frage der Zersetzung einer Gesellschaft durch Gewöhnung an das Militärische beschäftigt haben. Raymond Federman, ein US-amerikanischer Autor, und Assi Dayan, der israelische Filmemacher, fallen mir ein. Gerade letzterer war sich der Tatsache wohl bewußt, mit dem Angriff auf das Militär eine tragende Säule des Selbstverständnisses der Gesellschaft zu demontieren. Beide Künstler haben den Mythos des unbesiegbaren Männerbundes und der Heiligkeit seines Ziels derart überzeichnet, daß der »starke Arm« der Gesellschaft durch die exzessiven und klischeehaften Sex- und männlichen Gewaltszenarien zu einer Karikatur seiner selbst wurde; der Mythos wird zersetzt. Bei Jürgen Fuchs geht es um den Prozeß des Zersetztwerdens durch diese Armee: gegen den Einzelnen.

Bisher hat niemand in Deutschland in literarischer Form Gefängnis und Folter, Repression in der ehemaligen DDR in solchem Umfang und mit solcher Genauigkeit dokumentiert, oder der Tatsache Rechnung getragen, daß die Stasi und Träger des Systems nach 1989 weiter wirken.

Den Freunden verpflichtet bleiben und für sich und für sie die Wahrheit suchen, blieb für das Schreiben von Jürgen Fuchs der Auftrag. In diesem Sinne lese ich sein Schreiben als Anklage. Und auch so, als setzte da einer denen, die ermordet, gedemütigt und zerstört worden sind, einen Stein – ein Monument der Erinnerung – *Magdalena* sollte der erste Teil einer Trilogie sein. Niemanden vergessen. In diesem Sinne war das Schreiben von Jürgen Fuchs gebunden.

Gleichzeitig ließ er sich nicht einbinden in ein Konzept, sofern es eines gegeben hätte, sondern beharrte darauf, daß jeder frei sei, sich zu äußern. Er tat es.

Gelebte Zeit und aufgeschriebene Zeit

Die Philosophin (Ph.): Wenn man anfängt, über die Zeit nachzudenken, wird einem leicht schwindelig. Wir möchten uns deshalb dem Problem »Zeit« aus verschiedenen Perspektiven nähern. Eine Perspektive auf die Zeit und das Alter ist die »gelebte Zeit«. Wie würden Sie das Verhältnis von »gelebter Zeit« und Schreiben – das Verhältnis von Alter/Älterwerden und Schreiben, bzw. das Verhältnis von gelebter Zeit und aufgeschriebenem Leben, von gelebter Zeit und Biographie für sich darstellen?

Esther Dischereit (E. D.): Das Aufschreiben der Zeit ist eine Form, sich entgangener gleichwohl gelebter Zeit zu vergewissern; unbewußte oder verdrängte Zeitmomente in Bewußtheiten zu transponieren, wobei dieser Prozeß auch Inhalte zutage fördert, die die Schreibende nicht wußte, »aber sah«, wie es einmal in dem Stück *Ein sehr junges Mädchen trifft Nelly Sachs*[20] heißt. Kann ich wissen, wer schreibt, wenn ich schreibe? Insofern ist das Aufschreiben ein Sich-Aussetzen und Sich-Hineinsetzen in eine Zeit, einen Raum und eine Gesellschaft, deren Amalgamierung unvorhergesehene Prozesse und Zustände evoziert. Zum Beginn des Schreibens bin ich ein Subjekt, werde ein vermeintliches Subjekt, mutiere vielleicht in ein Objekt, verschwinde in Bewegungen, Verdichtungen, deren Intensität sich der Voraussicht und rationalen Entschlußkraft entzieht. Ich laufe *Gefahr*, ein Medium zu werden oder ich *darf* ein Medium werden oder ich *werde* *auch* ein Medium. Die zum Schreiben notwendige Öffnung hat ihre Grenze in der eigenen Beschränktheit, auch in dem Tabu des Wahnsinns und der persönlichen Verletzung.

Das Öffnen birgt die Möglichkeit, Dinge und Menschen zu sehen, wie ich sie nie gesehen; es bringt also die Fähigkeit zurück sich zu wundern. Sich zu verwandeln, einmal zu werden, was man tatsächlich vielleicht nur einen Moment lang oder nur in der Phantasie einmal gewesen ist. Wer sich nicht wundert, ist geschlossen, gepanzert, schützt sich vor der Verletzung. Dieses Sich-Schützen dauert an, solange es notwendig ist. Dazu gibt es nichts weiter zu sagen. Solange es andauert, gibt es nichts zu schreiben.

Schreiben ist auch ein Spiel, eine Beschäftigung wie Puzzle-Lösen oder Teppiche weben. Oder wie Schachspielen. Und eine intellektuelle Herausforderung, eine asymptotische Bewegung zur Wirklichkeit; der ewige Reiz, die Grenzen des Erfaßbaren zu verschieben, weiter auszudehnen hin zu der Nicht-Endlichkeit des Begreifens. Sicher ist das auch eine besitzergreifende Bewegung, als könnte es gelingen, sich die Wirklichkeit untertan zu machen, sie sich einzuverleiben. Am Ende kommt die Bewegung des Schwimmens heraus, in der man sich wohlfühlen kann. Allerdings kann der Mensch nicht unbegrenzt lange schwimmen und das Moment der Gefahr ist stets und gleichzeitig präsent. Andererseits haben wir Lust auf Gefahr und ein Recht dazu auch.

Ph.: Ihr erster Roman *Joëmis Tisch* – Eine jüdische Geschichte – ist 1988 erschienen. Sie waren damals 36jährig. *Joëmis Tisch* ist in sehr weitem und vielschichtigem Sinn Erinnerung. Es ist die Erinnerung an die Mutter, die als Jüdin in Berlin mit ihrer Tochter überlebt hat, und es ist die Erinnerung an die Kindheit der jüngeren Tochter mit einer jüdischen Mutter im Nachkriegsdeutschland, für die Jüdischsein immer noch und akut eine Gefahr bedeutete

145

und Verfolgung. Vielleicht könnte man es als eine Erinnerung wider Willen beschreiben. Muß man, um sich so, wie Sie es in *Joëmis Tisch* getan haben, erinnern zu können, ein bestimmtes Alter haben, muß man Umwege gegangen sein, eine bestimmte Zeit gelebt haben?

E. D.: *Joëmis Tisch*[21] ist nicht ein Buch der Erinnerung, sondern des überwältigenden, gewaltsamen Einbruchs der Geschichte bzw. der Erinnerung in eine Gegenwart, gleich einem eruptiven Vorgang; diese Form der Erinnerung unterscheidet sich von anderen Verständnissen dadurch, daß sie keine Maßnahme ist, kein bewußtes Vorhaben, das ich unternehmen oder lassen könnte. Die nur einmal genannte Figur verschwindet beinahe in und unter der Geschichte, irrt in ihr herum, stößt sich an ihr, geronnene Erinnerung, wie Steine. *Joëmis Tisch* ist ein Buch der Hohlräume, ein Buch der Auslassungen und Leerstellen und eine Demonstration. Als spräche jemand mit geöffnetem Mund und die Worte wollen nicht herauskommen; ein rudimentäres Buch, in dem nach Existenzbeweisen eines Selbst in den Fetzen vergangenen durch die Verfolgung des Nationalsozialismus wie gerissenen Lebens gesucht wird. Verschiedene Leben stoßen aneinander, aus den Positionen einer Mehrheit und der einer Minderheit in Deutschland heraus, und haben einander nichts zu sagen; es hat den Anschein, als sprächen die Akteure miteinander. Es ist der Versuch der hinter den Leben der Überlebenden verborgenen nahezu Namenslosen, sich selbst zu beweisen, daß es sie gibt – wie das Einritzen der Haut bei Menschen, deren Traumatisierung dazu geführt hat, sich selbst verschwinden zu sehen, und die sich als fühlende in der schmerzhaften Verletzung ihrer selbst vergewissern. Um *Joëmis Tisch* schreiben zu können, mußte nicht unbedingt ein bestimmtes Alter erreicht werden. Die Angst hat erst nachlassen müssen, die Angst vor der Nazi- und Nach-Nazi-Gesellschaft. Und die Angst vor der eigenen, mit Anstrengung zurückgedrängten, geradeso zurückgehalte-

146

nen Geschichte. Ich hatte noch Angst, als es erschien und erwartete jeden Augenblick, daß etwas Furchtbares geschehen würde. Es war wie eine Beendigung der Illegalität, indem ich mich selbst bloßstellte. Ich beendete gewissermaßen den Zustand, den meine Mutter als Überlebende, zur Illegalen erklärt in der NS-Zeit, gelebt hatte und den sie mir mit meiner Geburt – nach 1945 – als Sozialisationsmoment mitgegeben hatte. Was ich nicht als unvernünftig ansehen kann, aber natürlich war es für mich nicht besonders gesund. Das hat selbstverständlich mit den Umständen zu tun, unter denen die Bundesrepublik Deutschland demokratisch wurde, wenn ich das einmal nicht zynisch aussprechen darf. Wenn die Wehrmachts- und anderen Väter regieren, ihre Söhne anschließend ... ist das gelinde gesagt, ein dünnes Eis, auf dem Eröffnungen über jüdische Leben plaziert sind. Da haben sich alte Eliten eingesessen – einmal der Stammbaum aus diesen Kreisen –, einmal diplomatischer Dienst, immer diplomatischer Dienst – oder später dann Treuhand ... Ich will damit nicht sagen, daß ich dächte, es wäre auch ohne Treuhand – 1989 zum Beispiel – gegangen; ich will damit nur sagen, daß die Verteilung der Macht und des Geldes natürlich weniger mit der bürgerlichen Emanzipation zu tun hat, als ich es gerne hätte. Interessanterweise stammen dann manchmal herausragende Vergangenheitsbewältiger auch aus diesen Kreisen. Ich entnehme der Zeitung, was der Sohn von Herrn Speer, namensgleich weltweit erfolgreich operierend unter Albert Speer, über einen Lichtdom an der Siegessäule denkt, der möglicherweise an Hitlers Olympia-Spektakel erinnert.[22] Es will dem Journalisten dann nicht ausreichen, hier eher die Stimmen derjenigen zu hören, die sich unangenehm erinnert fühlen könnten oder aus eben dieser gleichen biographischen Lage heraus sagen könnten, sie hätten nichts dagegen. Natürlich gibt es keine Sippenhaft, nein. Aber es gibt doch ein wirkungsvolles Weitergeben von Werten einer Generation an die nächste und auch die Verfolgung familiärer Interessen durch die Nachkommen. Mir kommt das vor, als fragte ich einen Weißen, ob er sich verletzt fühlt durch die koloniale Darstellung. Da gibt es immer wieder eine Unentschlossenheit oder Schwankung, wessen Stimme da welches Gewicht haben soll. Für mich war das auch das Hauptproblem der Walser-Bubis-Debatte. Sie war von Anfang an gefährlich – und zwar für die Juden. Kann es sich ein Jude wirklich leisten, so offen zu sagen, was er denkt? Es gibt hier eine Mehrheit, deren Wohlwollen – ja und das ist es ja, es geht auch um Wohlwollen – nicht verspielt werden darf. War durch die Worte von Ignatz Bubis eine Mehrheit beleidigt worden? Eine taktische Blödheit und politisch fahrlässig? Da kommt es dann nicht darauf an, ob es stimmte, was er sagte. Diese Gedanken gingen mir durch den Kopf, als ich ihn sprechen hörte und bemerkte, wie Personen und Einrichtungen, die Öffentlichkeit darstellen, sich bedeckt hielten, auch welche, die ansonsten aus Bewältigungsszenarien zu hören sind. Unterschätzte man die politische Dimension der Auseinandersetzung oder ließ man es darauf ankommen? Die Universität Duisburg schien mir da sehr riskante Mehrheitsverhältnisse widerzuspiegeln.

»Ob man da Umwege gegangen« sein muß, um *Joëmis Tisch* zu schreiben? Ich weiß nicht. Ich bin Umwege gegangen. Ich mußte Umwege gehen. Ich schrieb zuerst für Kinder und an die Adresse von Kindern gerichtet. Wahrscheinlich wäre ich selbst gerne das Kind gewesen, an das sich Geschichten gerichtet hätten. Tatsächlich hat sich Geschichte an mich gerichtet.

Im übrigen braucht Schreiben die körperliche Erfahrung. Die Idee am Fuß. Also mußte ich zunächst die Präsenz meines Körpers, den Körper selbst bemerken und meine feindliche Haltung ihm gegenüber, mir gegenüber, aufgeben. Solange ich die Körperlichkeit als Störung des Denkens begreife, möglicherweise als Umweg, wird das

Denken eingeschränkt. Denn Denken selbst ist ganzheitlich, ohne »gesamt« zu sein und örtlich, ohne ein Ort zu sein ... es ist ein stattfindender Schritt, oder Spaziergang, um mich an eine Gewohnheit von Robert Walser anzulehnen.

Immer wieder gibt es im Denken und Phantasieren Pausen und Stockungen. Es ist gut, manche Prozesse zunächst körperlich zu vollziehen, nachzuvollziehen, »nach«zudenken.[23] Vielleicht fließen die Gedanken jetzt, genauso wie sie angeregt werden durch Prozesse, die scheinbar mit den gerade bearbeiteten Inhalten nichts zu tun haben.

Außerdem gibt es ein Problem mit dem Respekt vor unseren alten Leuten, vor denen, die unmittelbar die NS-Zeit erlebt haben. Ich mußte mich trauen, ihnen vor die Augen zu treten. Ein anderes Problem bestand darin, daß ich in einer Zeit schrieb, als die nicht-jüdische Mehrheit wie auch die jüdische Minderheit selbst das Jüdischsein im wesentlichen religiös definierte.[24] Ich hatte es schwer zu begreifen, daß es mich, der es an diesen Dingen mangelte, trotzdem gab. Wider den öffentlichen Raum und allen zelebrierten Ritualen zum Trotz gab es also mich oder uns, wie nicht vorgesehene Zwischen-Wesen. Uns steckte die Nazi-Zeit so tief in den Knochen, daß wir nicht im Traum auf die Idee gekommen wären, zu glauben, ein Jude sei kein Jude, wenn er nicht in die Synagoge geht. Allerdings konnte ich die Gründe für die Prügel, die ich von Schulkameraden bezog, erst viele Jahrzehnte später ihren antisemitischen Elternhäusern zuordnen. Denn so direkt hat es mir niemand sagen wollen, auch nicht meine Mutter. Mit Erstaunen las ich in den Akten der Entschädigungsbehörde, daß sie einmal einen Bericht über das Schicksal der »Glaubensbrüder« abgegeben hatte. Im familiären Wortschatz war dieses Wort nie gefallen. Ich wollte dieses Problem nicht mit der Erarbeitung einer Religiosität lösen, auch nicht mit der Erarbeitung von Ritualen, die ich nicht oder nur sehr sporadisch erlebt hatte und die mir entweder nichts bedeuteten oder die noch immer in die Welten gehörten, die zu verstecken waren, manchmal jedenfalls; manchmal waren sie auch schön. Dieses Problem existiert anhaltend, ich sehe es auch in der dritten Generation. Glücklichere, gläubige Juden halten das für Feigheit.

Literarisch hat mich dies zu dem »Umweg« der Lyrik geführt. Erst als ich den Mut hatte, Gedichte zu schreiben, ein Jahr lang, nichts als Gedichte, gelang es mir, *Joëmis Tisch* erneut zu beginnen und zu einem Ende zu bringen. Lyrikschreiben hat für mich eine sehr intime Komponente, wesentlich stärker als die Prosa. Erst als es mir gelang, die Individualität, das Ich, zuzulassen, wissend um Millionen Leben anderer, konnte ich *Joëmis Tisch* schreiben. Im eigentlichen hat es übrigens kein Ende, sondern ist ein Ausschnitt einer gleichsam stehenden Geschichte. Deren Bilder sind weiter schreibbar mit jedem Tag. Außerdem mußte ich erst einen bestimmten politischen Weg zu Ende gegangen sein. Für mich stellte die kommunistische Perspektive eine radikale Auslöschung der Ich-Relevanz dar. Von dieser Position aus hätte ich *Joëmis Tisch* nicht zustande gebracht.

Scharf wende ich mich allerdings dagegen, ich hätte die einfache Täter-Opfer-Dichotomie aufgegeben, und dafür werde ich belobigt. Nein, das habe ich nicht. Auch Edgar Hilsenraths *Nacht*[25] oder Ilona Karmels *Aurelia Katz und die anderen*[26] sind Bücher, Zeugnisse, über die Täter, nicht über die Opfer, etwa darüber, daß sie auch ekelhafte Züge entwickelten usw. usf. Für mich ist es eine einzige Anklage gegen die Täter, die aus ihren Opfern welche machten, die sich selbst nicht wiedersahen; welche, die sich veränderten, so daß sie nichts wurden als solch ein ›Gewürm‹, das hungert. Einfach hungert. Wenn jemand hungert und Durst hat oder verletzt wird, dann hat es ein Ende mit anderen Bestimmtheiten menschlichen Lebens. Andererseits höre ich auch, es sei der kulturelle oder religiöse Geist gewesen, der einen am Leben gehalten habe. Offenbar ist das unterschiedlich gewesen, und mir will es nicht möglich erscheinen, hier rechten zu wollen, obwohl einem das mit dem Geist doch recht sympathisch ist. Es bleibt nichts als zu sagen, es ist und es war. Es bleibt eine Anmaßung, daß der zum Tode Bestimmte in seinem Zustand edlen Charakters gewesen sein oder bleiben und schön sein soll.

Ph.: *Joëmis Tisch* beginnt mit den Sätzen:»Nach zwanzig Jahren Unjude will ich wieder Jude werden. Ich habe es mir zehn Jahre überlegt.« Sie beginnen das Jüdischsein mit dem Schreiben. In Ihrem Gedichtband *Als mir mein Golem öffnete* spielten Sie wiederholt auf die Geschichte des Golem an, der durch das auf seine Stirn geschriebene Wort zum Leben erweckt wird. Wie hängen Jüdischsein, Sprache und Sprechen in Ihrem Schreiben zusammen?

E. D.: Ich habe kein religiöses Verhältnis zum Wort. Ich kann auch süße Brötchen backen und verkaufe sie zu den Freitagabenden. Oder Schreiner sein und Holzkommoden und Bettgestelle bauen, wenn ich diese romantische Vorstellung des Berufs einmal bemühen darf. Und verkaufe sie an den Montagen und Dienstagen. Und bin – Jüdin eben. Mit den Worten und Wörtern zu arbeiten ist für mich eine Fertigkeit, eine Kunst, auch ein Handwerk – vielleicht beherrsche ich sonst keines, und das ist alles. Warum soll ich Kauffrau sein, wenn ich möglicherweise besser schreiben kann? Die Frage nach dem Wort und der Erotik[27], dem Wort und dem Körper, dem Wort und dem Ton liegt mir näher als die Frage nach dem Wort und dem Jüdischen. Der Gebrauch der Wörter und das Lesen von Büchern waren in meiner Erziehung durch Schule und Zuhause absolut positiv konnotiert, ohne daß wir viel zu lesen besessen hätten. Das Gedächtnis hat mir einen Streich gespielt. Als etwa Zehnjährige habe ich in Wirklichkeit eher heimlich gelesen, bestenfalls geduldet, denn wer lesend angetroffen wurde, hatte Zeit und wer Zeit hatte, hätte auch abwaschen können. Das Forschen mit den Wörtern bewegt sich auch hin zum Ausforschen, zur Weigerung, unerforschte Räume lassen zu können; Raum für das Nicht-Sprechen zu lassen. Lange Jahre wünschte ich mir nichts sehnlicher, als meinen Mund halten zu dürfen. Nicht zu antworten. Und die Dinge, im wahrsten Sinne des Wortes, für mich behalten zu können. Es gibt – noch – fast in jeder Stadt nicht geplantes, nicht gestaltetes Gelände, früher waren das Trümmergrundstücke. Darauf wuchsen blaue Gewitterblümchen, ich pflückte sie und griff in leere Patronenhülsen. Später beschloß ich, nicht zu lesen, wollte nicht, daß andere Gedanken Zugang zu mir hätten, bevor ich herausgefunden hätte, welche ich selbst habe. Es wurde mir schwindlig vor den Wörtern. Banalisieren durch Sprechen. Ich habe vor Jahrzehnten mit großer Eile die Universität verlassen, weil ich diese Ansammlung an unnützen und überflüssigen Wörtern nicht mehr ertragen konnte.

Die Buchstaben auf der Stirn des Golem sind auch zu löschen, der Golem wird zerfallen zu Staub. Kann erschaffen und wieder erschaffen werden als Frau wie bei Cynthia Ozick[28] – diese rasende, mit afroamerikanischen Zügen gezeichnete Golemfrau hat mir gut gefallen –, kann ein Vogel sein, dem Moses, Jesus oder der Rabbi aus Prag Leben einhauchen oder ein menschengleiches Geschöpf, die schiere Projektion einer Stärke, die die Juden nie gehabt haben. Ein Traum eben, wie David träumt, er sei Goliath. Und ein Kind, es sei Superman. Ein Phantom, nichts weiter als die Überlieferung aus der Geschichte. So bin ich denn nichts weiter als Überlieferung. Mag sein, kann sein.

Die Sprache gehört mir nicht. Sie steht in den Räumen, und jede kann sich ihrer bedienen, sie sich zu eigen machen oder nicht. Sich in dem Raum »Sprache« selbst verändern und ändern, eine Bewegung erzeugen.

Jüdisch zu sein bedeutete für mich, eine große An-

152

strengung zu vollbringen, indem ich *nicht* sprach, sondern hörte. Den Ton meiner Stimmen hörte, der es mir ermöglichen würde, die ungesprochenen Stimmen zu entschlüsseln. Die Stimmen der Toten, die schweigenden Stimmen der Lebenden ... und die Botschaften der Dinge. Auch die Gegenstände, die um mich herum standen und stehen, sandten Botschaften: ein ausgestopftes kleines Krokodil, eine hölzerne Statue, deren spitzschnabliger Vogel einem Menschen das Auge ausfrißt. Sehen Sie sich um, und Ihre Dinge senden Mitteilungen aus, selbst wenn sie auf der Unterseite versteckt auf dem Boden des Gefäßes angebracht sind. Oder keine Einkerbungen zeigen. Und schließlich sollte ich inmitten dieses Szenarios üben, meine eigene Stimme zu hören und vielleicht eines Tages zu sprechen. Vor der Sprechübung steht die Übung des Hörens. Mit dem Schreiben tritt eine Ich-Erzählerin zutage, die vor der Distanzlosigkeit des unmittelbaren Sprechens geschützt ist. Ich spreche gleichsam in einen dunklen Raum hinein, wie auf der Bühne. Es wird nicht unmittelbar zurückgesprochen. Der oder die Lesende muß mindestens so lange schweigen, wie sie liest. Ich also spreche. Jetzt spreche ich nach einer langen Zeit des Schweigens.

Ph.: Sie haben neben Aufsätzen, Romanen, Gedichten auch Hörspiele geschrieben. Ihr letztes Hörspiel *Anschriften* ist ein Gespräch zwischen zwei Frauen. Eine von ihnen wird heimgesucht von »geliehenen Erinnerungen«. Es sind Assoziationen, die ihr beim Hören von Namen, von Wörtern einfallen, die verbunden sind mit Ereignissen, die sie nicht eigentlich selbst erlebt hat, die sie aber überfallen, die sie überkommen oder eben heimsuchen, als ob es ihre wären. So verwandelt sich z.B. der Ort Chelmbach in ihrem Ohr in das Todeslager Chelmno. Diese »geliehenen Erinnerungen«, die sie erinnert, kapseln sie in einem Sprachraum ein, der sie der nichtjüdischen Freundin entfremdet. So, als ob sie in einer fremden Sprache sprechen würde, einer Sprache, die von weit her, von anderswoher kommt, aus einer anderen Zeit.

E. D.: Eine Sprache, die von weit herkommt, aus einer anderen Zeit? Ich hatte das Gefühl, diesem von Woanders-her-kommen bei Else Lasker-Schüler in *Arthur Aronymus*[29] begegnet zu sein, und war begeistert. Vor allem erleichtert, weil ich meinte, jemanden gefunden zu haben, der ebenfalls »Stimmen« hörte und davon sprach. Es aussprach. Diese Überlappung der Gegenwart mit Vergangenheiten hatte ich bei Heinrich Heine im *Rabbi von Bacherach*[30] schon gehört, und fragte mich, warum ich so genau verstünde, wovon darin die Rede ist. Ich denke nicht, es sei der Kopf gewesen, mit dem ich verstanden hatte. Diesen Text habe ich schon als Kind gekannt. Ich habe das Schreiben wahrscheinlich nötig gehabt, um die Berührtheit durch die Vergangenheit, ich meine nicht nur die NS-Vergangenheit, als etwas Gegebenes zu sehen. Nichts, worüber ich mich rational und persönlich hinwegsetzen könnte. In dem Stück *Auguststraße 14/16*[31] habe ich darüber kurz geschrieben, als ich die jüngere Tänzerin sagen lasse, ich bin kein Opfer. Diese Person meint, sie könne beschließen, sich mit bewußter Willensentscheidung aus dem historischen und kollektiven Wissen einer Geschichte auszunehmen. Wobei diese Äußerung natürlich auch nicht »falsch« ist. Denn es handelt sich um eine Person, die nach 1945 geboren ist.

Meine Generation hat wirklich auch eine Menge Dinge zu klären, für die es keine Beispiele gibt. Nehmen Sie die Biographie von Peter Gay[32]. Er entschuldigt sich zunächst einmal dafür, daß es in seiner engeren Familie keine Holocaust-Toten gibt, er also mithin möglicherweise nicht vergleichbar gelitten habe, versucht zu fassen, warum es ihm trotzdem an den Kragen gegangen ist, und er dieses Gefühl nicht losgeworden ist ... Mir ist diese Aussage vertraut. Es hat zunächst ja diese Hierarchisierung im Leiden gegeben. Wer im KZ war, der war wirklich Jude oder

154

Überlebender. Wer weiß, was die anderen waren. Ich verstehe, daß Peter Gay zu sich selbst als einem noch 1939 durch Emigration geretteten Kind nicht Überlebender sagt. Todesdrohung-Leben sage ich dazu – oder sieben Jahre früher und Du wärest getötet worden dafür, daß es dich gibt, oder die gleichen Menschen, die dir eben mit einer Zivilisiertheit begegnen, wären für dich lauernde Denunzianten, tägliche Peiniger gewesen, der Möglichkeit nach jedenfalls. Andererseits lauert in diesem Gedanken – was mich betrifft, wäre das der Gedanke »sieben Jahre vorher ...« – auch eine Koketterie, ein Beischlaf mit denen aus den Katakomben, denn jetzt ist nicht »sieben Jahre vorher«. Die Antisemiten halten häufig, sie wissen schon warum, den Mund. Trotzdem spürst du da was, aber was, aber was ... Aus guten Gründen gibt es da eine gesellschaftliche Aussageverweigerung; wenn sie durchbrochen wird und einem die Judenwitze um die Ohren knallen, geht's einem auch nicht besser.

Die Frauen in meinen Stücken sind häufig Trägerinnen von Geschichte überhaupt. Ich lege hier ein Geschichtsverständnis zugrunde, das weiter zurückreicht als die neuere deutsche Geschichte. In dem Stück »Christoph Dohm«[33] gibt es einen Chor, der innere Stimme, Widerhall von Stimmen der Massen und Erynnien-Metapher zugleich ist. Manche Figuren sind gleichzeitig auch Seherinnen und stellen das Medium dar zu den nicht-realen Welten, Mittlerinnen oder Botinnen zwischen dem Hades und der Oberwelt, zwischen Jahrhunderten und Gegenwartstagen, zwischen Mythos und Angestellter in einem Bürohochhaus.[34] Diese Frauen sind transzendent.

Die Personen sind innen und außen zugleich. Sie sind kubistische Körper, bei denen das Innere im Außen sichtbar ist; dadurch wirken sie surreal, obgleich ich das eigentlich als einen auf die Spitze getriebenen Realismus ansehe.

Ph.: Wie verändern »geliehene Erinnerungen« die Zeitwahrnehmung? Fühlt man sich – ist man älter mit einer

Vergangenheit, die weit über das eigene Leben hinaus-
reicht?

E. D. »Geliehene Erinnerungen« verändern die Zeitwahrnehmung horizontal und vertikal. Ich existiere wie
ein See, der keine Ufer kennt, und wie ein tief liegendes
Gestein, an dessen Bohrung ich arbeite und gearbeitet
wird. Bevor ich davon etwas wußte, war ich steinalt und
lebte wie ein vertrocknetes Kind. Jetzt werde ich jünger,
denn ich wachse gewissermaßen noch, bin nicht geronnene Zeit, sondern befinde mich im Zeitfluß.

Ph.: *Merryn*, Ihr zweiter Roman, endet mit dem Satz:
»integrierter Fremdkörper / Ich bin in die Natur inte-
griert.«[35] Hat dieses Gefühl auch zu tun mit dem Heim-
gesuchtwerden von Erinnerungen, die nicht von den
Nicht-Betroffenen geteilt werden wollen oder die vielleicht nicht geteilt werden können? Ist Schreiben ein Versuch, diese Erinnerungen in den Raum der Geschichte zu
überführen?

E. D.: Erinnerungen sind das Leben überhaupt und kein
Abstraktum. Wenn ich den Zustand eines Brotes beschreiben möchte, werde ich es messen oder vergleichen
am besten und insgeheim mit einem wunderbar duften-
den schmackhaften Brot, so wie ich eines einmal wahrscheinlich vorgefunden hatte, als ich sehr hungrig war. So
wird das Brot ein gutes Brot und dieses, welches ich jetzt
sehe, wird darauf bezogen alt, hart, häßlich, trocken oder
eben wie dieses köstliche. Vielleicht ist es das Hänsel-
und-Gretel-Brot aus Grimms Märchen oder der Leib
Christi. Immer ist die Beschreibung bereits solchermaßen
behaftet, auch wenn ich im Augenblick *nur* »das Brot«
notiere. Wenn ich Neues kennenlerne, beziehe ich es auf
ein bereits Erinnertes, Vorangegangenes. »Integrierter
Fremdkörper« ist eine contradictio in adjecto. Eine ironi-
sche Anlehnung und Annahme der NS-Terminologie und
Beschreibung eines zugewiesenen Zustands? Peter Gay
zitiert in *Meine deutsche Frage* einen Bericht von Ernest

G. Heppner über ein Gymnasium in Breslau: »Als besonders scheußlich empfand ich die Rassenlehre und die ständige Sprache über ›Fremdkörper‹ und rassisch minderwertige Schüler.«[36] Wie wirkt Geschichte in den Gefühlen der Gegenwart? Im Ungesprochenen der Gegenwart und dennoch Daseienden? Die, die sich selbst als »Fremdkörper« in *Merryn* notiert, ist ein junges Mädchen, das fast zwanzig Jahre nach dem militärischen Sieg über das Dritte Reich, im Leben umhergeht. Als sei sie etwas außerhalb ihrer selbst Existentes. Sie wird zu einer, die für andere und schließlich für sich selbst der Widerspruch ist; die ist und nicht ist.[37] Etwas, das es eigentlich nicht geben kann und dennoch gibt, das ausgestoßen, ausgespien ist und gleichzeitig sich in einem anderen Innen befindet. Gleichsam wider Willen und hinter dem Rücken der Akteure. Auch die Auffassung von Natur ist hier eine transzendente. Ein Seins-Begriff, der die Bewegung der Menschen in einem Anderen, Umfassenderen aufgehoben sieht, eine tröstliche Vorstellung und ein Begründungszusammenhang für die Existenz des Nicht-Existenten. Vielleicht eine heimliche Umarmung des Gottesbegriffs. Es ist ein weiter Weg von dem Satz »warum bin ich« zu dem Satz »ich bin«.

Ph.: »Die Stunde der Geburt / es hat sie nie gegeben« heißt es in Ihrem Gedicht *Jüdischer Geburtstag.* Sind die Gedichte die Sprachorte, an denen sich »geliehene Erinnerungen« mit den Erfahrungen berühren, denen sie in einem anderen Leben und in einer anderen Zeit zugehörig waren?

Und öffneten dann die Gedichte die Sprachräume, in denen »geliehene Erinnerungen« geteilt und, indem sie in Sprachbilder übersetzt und mitteilbar gemacht, in den Raum der Geschichte überführt werden?

E. D.: Ich überführe keine Sprachbilder in Geschichte. Ich meide die Geschichte. Immer habe ich mich bemüht, die Bücher und Filme über den »Holocaust« nicht zu sehen, bin in den neunziger Jahren zum ersten Mal in einem Konzentrationslager gewesen und betrat zum ersten Mal eine Synagoge, die diesen Namen verdiente und mit Menschen gefüllt war, 1989. Und als ob diese Anstrengungen nicht reichten, gab es dann Juden, die bezweifelten, daß ich Jüdin bin. Wahrscheinlich waren ihnen die Sitze immer so leer mit meiner Abwesenheit gewesen. Sie hatten mitten in Deutschland – nach 1945 – gewissermaßen sogar noch Juden übrig, so daß sie sich aussuchten, wer dazu gehöre und wer nicht. Das gehört zu diesem artifiziellen mißtrauischen Zustand, in dem man sich in Deutschland befindet. Auch ihnen gratuliere ich dafür, daß sie keine Anstrengung mit sich trugen und offenbar wußten, wie es sich lebt als Jude. Es hat mir nichts genützt, die Geschichte zu meiden. In irgendeiner Form hat mich der ein oder andere immer wissen lassen, was zu diesem Thema gehört, und irgendwann habe ich nachgegeben, wurden mir die Bücher aufgedrängt, und schließlich habe ich dann das ein und andere selbst gekauft. Ich selbst schien mir schwer an Geschichte. Ich war von ihr ernährt worden. Peter Gay nennt es das Gift.

Ph.: *Joëmis Tisch* und *Merryn* beschreiben sehr konsequent die Kindheit, die Jugend und das Erwachsenwerden im Nachkriegsdeutschland und die durch die 68er Jahre geprägten 70er Jahre aus der Perspektive einer jungen jüdischen Frau. Ohne das eine gegen das andere auszuspielen oder zu werten, stellen Ihre Texte das ganz Spezifische der doppelten Ausgrenzung vor. Dabei scheuen Sie keine Tabus. So stellen Sie etwa in Ihrem Hörspiel *Ich ziehe mir die Farben aus der Haut* die sexuelle Besetzung des Opfer-Täter-Verhältnisses vor: die jüdische Frau zieht Lust aus der Unterwerfung. Das Stück stieß auf große Widerstände. Ein Opfer darf eben nicht schamlos, nicht ehrlos sein. Und Sie bestehen darauf, bestehen auf dem, wie es ist: Opfersein macht keine besseren Menschen. Um so mehr gilt es deshalb darauf zu achten, daß auch »Opfer« das

Recht auf Kantigkeit haben, gerade den Opfern das Recht zugestanden werden sollte, Aggressionen auszuagieren, »böse« und in Not, bedürftig zu sein.

Dennoch ist ein Gespräch, wie es die beiden Freundinnen in *Anschriften* führen, zwischen zwei Männern schwer vorstellbar. Die Art, wie die nicht-jüdische Frau darauf besteht, die jüdische Freundin zur Raison zu bringen, die Intimität, die die Störung dieser Intimität, das Fremde und die Gewalt, mit der die »entliehenen Erinnerungen« einbrechen, erst erfahrbar machen. Könnte ein Grund für diese – positive – Grenzüberschreitung darin liegen, daß Frauen ein kulturell und historisch bedingt anderes Verhältnis zu Zeit, zu Geschichte und zu Erinnerung haben als Männer?

E. D.: Ein Opfer kann nur von dem Täter am Leben gelassen werden. Es kann nur bei ihm primäre Triebe erfüllt bekommen und hängt ausschließlich davon ab, ob er oder sie diese gewährt. Die Freiheit des Individuums zu entscheiden ist außer Kraft gesetzt. Das Opfer paßt sich an; wenn es sich nicht anpaßt, stirbt es; wahrscheinlich stirbt es sowieso; der einzige, der über das Leben entscheidet, ist der Täter, er wird gottgleich. Dafür, daß diese Unterwerfung und Demütigung geschah, wird der Täter von dem überlebenden Opfer später weiter gefürchtet und gehaßt und verläßt seine Träume nicht mehr oder nur mit besonderer therapeutischer Anstrengung. Das Opfer hat viele Jahrzehnte damit zu tun, sich wieder als einigermaßen selbständige Person, als ein mit Willen und Bewußtsein begabtes Ich, zu setzen. Ein Opfer hat natürlich auch sexuelle Wünsche, winselt vielleicht um Anerkennung, um Sein. Das finden wir dann unwürdig. Die sexuelle Begierde ist Lebensbeweis und folgt bekanntlich nicht den Über-Ich-Funktionen. Aus männlichen Darstellungszusammenhängen kennen wir eher die Opfer, die widerstehen, die mit Geistes- und übernatürlichen Körperkräften Widerstand leisten und ertragen usw. usf. Entweder sind das Muster, die bestimmten politischen Ideologien folgen, oder Unterwerfungen unter gesellschaftliche Konventionen, die doch eben für das Opfer keine Gültigkeit hatten. Die iranische Schriftstellerin Munireh Baradaran hat auf diesen Punkt besonders hingewiesen, wie ihre Kollegen selbst in den Gefängniserzählungen im Mythos des Männlichen verhaftet bleiben, in der Darstellung, wo sie stark und widerstehend geblieben sind und wie sie ihre Schwäche und Demütigung negieren. *Ich ziehe mir die Farben aus der Haut*[38] zeigt eine Frau, deren Passivität, deren Verharren in dem Wechsel zwischen dem als Unterdrückung empfundenen Geschehen und Lustgewinn als ziemlich unerträglich aufgenommen wurde. Von den Opfern wird stets verlangt, sie sollten jetzt eine aktive entschiedene und selbstbewußte Rolle spielen, sich beispielsweise ihrem Opferzustand entziehen, diesen »bewältigen«, um solch ein gebräuchliches martialisches Wort einmal zu benutzen. Ich setze mich damit auch in dem Stück *Der Scherenschleifer*[39] auseinander. Ziemlich phantastisch diese Vorstellung. Hören Sie mal, besiegen Sie Ihr Trauma! In diesem Sinne breche ich insoweit keine Tabus, als hier eine jüdische Frau abstoßend ist, sondern das Tabu besteht eigentlich darin, daß sie nurmehr als diese gebrochene Person lebt und weiterlebt und niemand begreift, warum sie ihren Peiniger in späteren Zeiten nicht verläßt. Und langsam könnte sie doch, sind die Zeiten nicht andere ... und immer noch macht sie ... und womöglich ist sie sogar jünger, könnte also nicht selbst erlebt haben ... noch immer mit dem Trauma herum, wo es doch alle, buchstäblich alle längst bewältigt haben – zumindest die demokratisch gewordene Öffentlichkeit. Da rücke ich nicht von Dichotomien Opfer/Täter ab, bestehe darauf. Es ist für den gewaltsamen Tod einer Jüdin, ihre Beraubung und Diskriminierung völlig unerheblich, ob sie ekelhaft war und selbst eine Lügnerin. Denn sie wurde nicht beraubt, weil sie eine schlechte Person möglicherweise gewesen ist, sondern als Jüdin. Egal ob blond oder wahrheitsliebend.

Was heißt das für die Überlebenden? Konnte sich eine jüdische Frau nach 45 mit einem nicht parteitreuen Mann in Deutschland ins Bett legen? Statistisch gesehen eine gewisse Unwahrscheinlichkeit. Wenn es überhaupt einen gab, soll der nicht Nazi gewesen sein? Soll sie demzufolge also auswandern? Oder nicht mit jemandem ins Bett gehen? Oder einen der wenigen Juden bevorzugen, der aus dem KZ gekommen ist und jede Nacht diese Träume ausspuckt, die einem das Leben vergällen? Wäre das die moralisch einwandfreie Lösung? Sie sehen, es macht keinen Sinn, die Dinge so zu betrachten. Wir können dieses Thema für die nachfolgenden Generationen weiter verfolgen. Ich ziehe es vor, versuchsweise Bestand aufzunehmen. Zu ermitteln, was war und wie es war und wie es ist. Jüdisch-Sein in Deutschland nach 45 ist einfach unwahrscheinlich, sozusagen unwirklich. Jetzt verändern sich die Gegebenheiten langsam durch ein Anwachsen der Gemeinden. Es kommen die Leute aus Osteuropa, insbesondere aus Rußland, die vor den Zuständen flüchten.

Ph.: Sie haben im letzten Jahr ein Prosagedicht mit dem Titel »Am Fuß der Zeit« geschrieben. In den ersten Zeilen des Gedichts kommt ein sehr intimes Verhältnis, fast ein liebendes Verhältnis zur Zeit zum Ausdruck: »Ich legte mich schlafen / in der Zeit / bettete mich in sie hinein / und deckte mich zu mit der Zeit / ich habe Zeit zu verschenken / denn mir ist sie über die Zeit.« Woher kommt diese Intimität mit der Zeitlichkeit anstelle der Klage über die Vergänglichkeit und dem Hadern über dem Altwerden? Sie schreiben zur Zeit, zur Jahrtausendwende, Wintergedichte. Auch diese Gedichte sind von einer fast durchsichtigen Sinnlichkeit. Winter heißt hier nicht Starre und nicht Tod. Melancholie – und Wintergedichte sind per definitionem melancholische Gedichte – heißt nicht Bewegungslosigkeit, vielmehr ist eine große Vertrautheit mit dem Melancholischen zu spüren, eine Hinwendung zum warmen Atmen hörbar, das ja auch zum Winter gehört. Verbirgt sich dahinter ein Gefühl der Versöhnung, eine Bejahung der Zeit und der Zeitlichkeit? Und wenn ja, woher, aus welcher Quelle, aus welcher Zeit/ Vergangenheit / Geschichte / Erfahrung oder Tradition speist sie sich?

E.D.: Sich in der Zeit einzubetten, sich ihr auszuliefern, mit Zeit also zu leben, bringt die Endlichkeit und Beschränktheit, die Sterblichkeit des Lebens in das Leben zurück. Ich erkenne an, daß die individuelle Existenz von einer Viel- und Gesamtheit an Umständen abhängt, die durch die bewußte Tat nur wenig zu steuern und zu beeinflussen ist. Ich kann es mir beispielsweise nur bedingt aussuchen, daß im Frühjahr Frühjahr ist und später Sommer. Ich könnte diese Umstände durch Fortreisen verändern, auch durch gewisse innere Veränderungen, aber letztlich und auf eine Dauer gesehen eben doch nicht. Es ist auch um keine Zeit schade, gerade so wie ein Ton keine Störung ist, sondern ein Ton, auch wenn er mich gerade stören könnte. Ich, Materie, Zeit und Raum, Ton und Farbe ist eine andere Perspektive, als die Vorstellung, hier sei der Mensch, und dieses seien die äußeren Umstände. In letzterem Bild ginge es immer darum, diese Umstände zu gestalten, hin zu einem Zustand, der für das Ich komfortabel wäre. Die Aspekte der Nützlichkeit für das Ich würden im Vordergrund stehen. Stattdessen gehe ich von der Existenz der Dinge aus als »Natur« geworden oder natürlich, gerade so wie die Natur selbst und in diesem Sinne von der Existenz eben auch dieser bürgerlichen Person und dem Aufgehobensein in Zeit, Raum, Ton und Farbe. Jetzt kommt es darauf an, das Verhältnis untereinander zu betrachten und es in einer Balance zu sehen. Es ist eine anstrengende Perspektive, das Leben unter dem Gesichtspunkt zu betrachten, mit ihm »fertig« werden oder es »meistern« zu müssen. Wenn ich auf die Frage, wie es mir geht, antworte, es geht mir gut, ist dies das Pendant zu der Antwort, »es muß ja«. Ich könnte aber auf die Frage, wie es mir geht, antworten, wie geht es Ihnen. Vergleichbar dem »How do you do?«. Es ist eine wunderbare Sache, daß der Winter eine Zeit ist, in der durch die Bedingungen der Natur eine gewisse Regungslosigkeit provoziert wird. Verlangsamte Bewegungen. Wenn ich an einer Stelle des längeren stehen bleibe, geradezu gezwungen bin, mich einer Monotonie auszusetzen, was geschieht dann? Die Landschaft ist weiß, nichts als diese Weiße, Grautöne heben sich ab. Vor einem weiß überzogenen Feld oder einem undurchdringlich milchig grauen Himmel ist man nicht sehr bedeutend. Einem frostreifüberzogenen Grasbüschel mitzuteilen, man habe zu tun, ist sinnlos. Auch ein wenig lächerlich. Zu tun haben und nachdenken, sind verschiedene Dinge. Wer keine Zeit hat, kann nicht nachdenken. Ob es in der Zeit geschehen kann, steht dahin. Daß es ohne Zeit nicht geht, davon bin ich überzeugt. Melancholie ist die Sehnsucht, die sich mit Schmerz vermischt – über etwas Verlorenes, über etwas unwiderruflich Vergangenes, auch über eine Vision, die nicht erreicht werden wird. In der Melancholie betraure ich das Vergangene und Vergängliche und darf es als Seins-Zustand behalten; sie muß nicht »gemeistert«, beendet oder überwunden werden. Sie gehört zu den Bewegungen meiner Hand an diesem Tag, zum Ausdruck der Augen, in dem sich auch eine Liebe widerspiegeln kann. In der Melancholie behalte ich diese Dinge bei mir, sie gehen ein in die Art, wie ich bin, denke, fühle; ich muß sie nicht ablegen im Rahmen und an besonderen Tagen. Melancholie ist ein wenig aus der Mode gekommen. Bei Trauer schalten wir die Trauergruppe ein, bei Melancholie den Fernseher oder das Telefon. Ich habe nichts gegen die Trauergruppe oder gegen Fernseher und Telefon. Ich will damit nur darauf hinweisen, daß ich keinen Zustand der Betriebsamkeit oder Umtriebigkeit meine. Der Körper bewegt sich zur

163

Erde. Die Schwester der Melancholie ist die Hoffnung. Während die Melancholie nach innen in das Reich der Mneme führt, nimmt uns die Hoffnung bei der Hand und richtet den Blick nach außen. Sie gehören zusammen. Wenn sich die beiden Schwestern begegnen, gibt es einen Zustand, den ich als mit-sich-seiend bezeichnen möchte. Dann heben sich beide Begriffe gleichsam auf. »To live is so startling / it leaves little time / for something else.« (Emily Dickinson). Ursprünglich hatte statt *Mneme* Mnemesis da gestanden, bevor die Schwestern die Bühne betraten. Hinter dem Rücken der Schreiberin Subjekt gewordene Wörter! Die *Nemesis* mit ihrer Scheu vor »Überhebung«, steht im Wörterbuch geschrieben, dem Ausdruck eines »Ehrgefühls«, aber auch dem »Unwillen« und »Zorn« bis hin zum Strafe- und Rachegedanken, der Rachegöttin, verschmilzt mit der Erinnerung, dem Gedanken und Gedächtnis in einem neuen Amalgam. Ganz sicher war ich mir gewesen, daß es diese Mnemesis gibt.

Ph.: Der Jahrtausendwechsel war in der Berliner Republik geprägt durch die Mahnmaldiskussion, durch die schnelle Erledigung der Bezahlung eines symbolischen Geldbetrages an die noch lebenden Zwangsarbeiterinnen und Zwangsarbeiter. Oft genug wurde betont, daß die Schuld damit nicht erledigt sei. Was wünschen Sie sich in dieser und für diese Republik für das neue Jahrtausend?

E. D.: Ich wünsche nicht in dieser Republik oder für diese Republik. Ich bin keine Ersatzpolitikerin. Ich liebe meine Kinder und hoffe, sie werden durch die Schule ohne größeren Schaden hindurchgehen.

E. D.: Es gibt eine ganze Menge differenzierter Denkerinnen und Denker, so daß die politische Bedeutung eines Denkmals – eine öffentliche Demonstration – verschwindet unter den Bergen an Aufgeklärtheit im Kopf. Das ist wie in der Frauenfrage ... da sind wir auch schon lange sehr weit, allerdings eben nur im Kopf. Wann diese Dinge politikrelevant werden, steht bedauerlicherweise dahin.

Zu gegebener Zeit können wir ja noch mal bei André Gorz nachfragen, was sich machen ließe.

E. D.: Im *Berliner Tagesspiegel*[40] gab es einen Bericht über Personen, die während der NS-Zeit Kinder waren und erzählten, daß sie von Zwangsarbeiterinnen aufgezogen, geliebt und gestreichelt wurden. Manche wollten nichts von den Abmachungen der Regierung zur staatlichen Regelung der Entschädigungsleistungen wissen, fanden sie »erbärmlich« und wollten stattdessen in Erfahrung bringen, wo sie persönlich Gelder hinbringen könnten. Über diesen Artikel weinte ich. Hinter dem täglichen Zynismus trat sie hervor, die Hoffnung, hier in Gestalt des Gewissens, des verletzlichen Kindes, das eine Erinnerung in der Seele und im Körper bewahrt hatte. Die Hände der Zwangsarbeiterin.

Merkwürdig, daß ich bei elf Fragen auf dreizehn Antworten komme.

Hinweise

»Ein Tag. Oder ein Tag« in: *Golem* Europäisch-jüdisches Magazin Nr. 1/1999, Berlin, 1999, S. 19–23
»Mit Eichmann an der Börse«: Erstveröffentlichung
»Ich bekenne nicht«: Erstveröffentlichung
»Denkender weiblicher Torso« in: *Die Philosophin*. Zeitschrift für feministische Theorie und Philosophie. 19/1999, Tübingen, 1999, S. 36–50
»Danket dem Herrn«, in unvollst. Fassung erschienen in: Auf drei Säulen ruht die Welt *Wahrheit, Recht, Frieden*, Deutscher Koordinierungsrat der Gesellschaft für Christlich-Jüdische Zusammenarbeit, Bad Nauheim, 2000
»1939« in unvollst. Fassung erschienen in: *Der Literatur Bote* 56/57, Frankfurt am Main, 2000, S. 40–41
»1939« gleichnamiges zweites Stück: Erstveröffentlichung
»Aimée und Jaguar« Über einen deutschen Film von Max Färberböck. Unter dem Titel »Von Liebe, Prostitution und Widerstand – Zum Film ›Aimée & Jaguar‹« in: *Die Wochenzeitung* Nr. 20, 20. Mai 1999, Zürich
»Auguststraße 14/16« in: *DAVKA Jüdische Visionen in Berlin*, Berlin, 1999, in dt. und engl. Sprache S. 17–30
»M. Walser« vorliegend verändert, zuerst unter dem Titel *Wie ich hinsehe*, in Frankfurter Rundschau 3. 12. 1998
»Der kubistische Blick. Wer schreibt eigentlich, wenn ich schreibe?« in: *Aufbrüche*, Königstein/Ts., 1999, S. 237–249

»Ich verzeihe der türkischen Familie«: Erstveröffentlichung

»Über F. C. Delius: Die Flatterzunge« unter dem Titel »Sünder oder Sündenbock?« in: *Frankfurter Hefte* 4/2000, Berlin, S. 243–244

»Zu Österreich und Jörg Haider« in: *Allgemeine Jüdische Wochenzeitung*, 16. März 2000, Berlin

»Die beschlossene Erinnerung. Zahltag.« Erstveröffentlichung

»Unbetiteltes Stück« Erstveröffentlichung

»In Memoriam« unter dem Titel: »Mit Ehrlichkeit geschlagen« – Zum Tode von Jürgen Fuchs« in: *Frankfurter Rundschau* 11. Mai 1999, Frankfurt am Main

»Aschenbecher und Radio 101,9« Erstveröffentlichung

»Gelebte Zeit und aufgeschriebene Zeit« in: *Die Philosophin* Zeitschrift für feministische Theorie und Philosophie 21/2000, Tübingen, 2000, S. 84–100

Das Gespräch führte Astrid Deuber-Mankowsky.

Anmerkungen

1 Frankfurter Illustrierte Nr. 10, 1932 aus: *Frauenalltag und Frauenbewegung im 20. Jahrhundert* Bd. III, S. 55, Materialien zur gleichnamigen Ausstellung, Frankfurt am Main, 1987.

2 *Die Gleichheit*, Zeitschrift für die Interessen der Arbeiterinnen, Stuttgart, Jg. 2, Nr. 22, 1892, S. II/37 ebenda.

3 Clara Zetkin, *»Nur mit der proletarischen Frau wird der Sozialismus siegen!«* Rede auf dem Parteitag der Sozialdemokratischen Partei Deutschlands in Gotha 1896, nachgedruckt in: Karin Bauer, Clara Zetkin und die proletarische Frauenbewegung, Berlin, 1978, S. II/37, ebenda.

4 Aus: *Die Gleichheit*, Zeitschrift für die Interessen der Arbeitnehmerinnen, Stuttgart, Jg. 16, 1906, Zit. ebenda, S. II/36.

5 vgl. Ingeborg Nordmann, *Der Intellektuelle* in: Antisemitismus – Vorurteile und Mythen, hrsg. Julius H. Schoeps und Joachim Schlör, München 1995.

6 vgl. Ausführungen über die Zeit 1974 ff. *Wahrnehmungen zur Aktenlage* in: Esther Dischereit, Übungen jüdisch zu sein, Frankfurt am Main, 1998, S. 138 ff.

7 In dem Gespräch *Der imaginäre Raum und das unsichtbare Bild* sagt Christina von Braun: »Frauen können an ihrem eigenen Körper den historischen Prozeß ablesen, der mich als Geschlechtswesen und damit auch das andere Geschlecht in einer bestimmten Definition hervorgebracht hat. Da Männlichkeit mit Geistigkeit gleichgesetzt wurde, ist bei Männern die Notwendigkeit nicht so stark da, den eigenen Körper ins Spiel zu bringen. Wenn der eigene Körper Symbolträger des Geistigen ist, dann hat er dieses Stadium einer definitionssetzenden Macht schon erreicht und braucht sich selbst nicht zu hinterfragen ...« (vgl. auch Christina von Braun, NICHTICH, Frankfurt am Main, 1988), in »Die Philosophin« 17, Tübingen, 1998, S. 77.
Vgl. auch eine Bemerkung von Harald Mesch über Gertrude Stein: »Anders als die Tradition begreift Gertrude Stein die Beschäftigung mit Sprache nicht als eine allein die Intelligenz fordernde Tätigkeit. ... Sie begreift Schreiben viel unmittelbarer und radikaler als Tun, als ein »Bewegen«, in das sie sich, wie in einen physisch realen Raum, auch körperlich einbezo-

gen findet.« zit. in: Michael Knight, *Salondamen und Kanalarbeiterinnen – Der Literaturverkehr* in: Eva Hesse, Michael Knight, Manfred Pfister »Der Aufstand der Musen«, Passau, 1984, S. 116.

8 zit. nach der Ausstellung *Andy Warhol*, Selected Prints, Museum Moderner Kunst, Passau, 9. 5.– 16. 8. 1998.

9 Quelle: Klaus Gietinger, *Eine Leiche im Landwehrkanal*, Die Ermordung der Rosa L.; Berlin, 1995

10 nach Klaus Gietinger, ebenda

11 Klaus Theweleit, *Männerphantasien*, Reinbek 1989

12 Klaus Gietinger, *Eine Leiche im Landwehrkanal*, Die Ermordung der Rosa L., Berlin, 1995

13 Ein früherer Offizier der Bundeswehr und Berater in militärischen Angelegenheiten bei einer der Bundestagsfraktionen schilderte, daß er – es muß ungefähr 1995 gewesen sein – in einem lateinamerikanischen Land, das von der Militärregierung zur Demokratie – wenn ich das mal so dahingestellt sein lassen darf – übergegangen war, eine Fortbildung über die Rolle des Militärs in der Demokratie leitete. Ausnahmslos alle Anwesenden (außer ihm selbst) waren mit der Waffe erschienen. Der Offizier versuchte nachzufragen, zu welchem Zweck die Waffe mitgebracht wurde. Er wurde nicht verstanden.

14 Esther Dischereit, *Als mir mein Golem öffnete*, Passau. 1996, S. 25.

15 Melvin J. Lasky, *Wortmeldung zu einer Revolution*, Berlin. 1991, S. 57.

16 vgl. *Antisemitismus – Vorurteile und Mythen*, hrsg. Julius H. Schoeps und Joachim Schlör, München. 1995.

17 Esther Dischereit, *Joëmis Tisch*, Eine jüdische Geschichte, Frankfurt am Main. 1988, S. 23 u.a. In diesem Text werden diese Wörter »ausgestellt«.

18 (vgl. auch Ludger Heid, *Der Ostjude* in: Antisemitismus – Vorurteile und Mythen, hrsg. Julius H. Schoeps und Joachim Schlör, München, 1995).

19 Gert Mattenklott, *Zur Darstellung der Shoa in deutscher Nachkriegsliteratur*, Jüdischer Almanach 1993, Frankfurt am Main, 1992, S. 30.

20 Esther Dischereit, *Ein sehr junges Mädchen trifft Nelly Sachs* in: Übungen jüdisch zu sein, 2. Aufl., Frankfurt am Main, 1999. Seite 9–15.

21 Esther Dischereit, *Joëmis Tisch*, Eine jüdische Geschichte, Frankfurt am Main, 2. Aufl., 1998.

22 *Albert Speer* in: Tagesspiegel Dezember 1999, Seite 31: »Albert Speer (65), der Sohn des gleichnamigen Rüstungsministers und Hauptarchitekten Adolf Hitlers, hat auf Anfrage des Tagesspiegel in der Diskussion um den Berliner »Lichtdom« Stellung bezogen ...«

23 Vgl. Yoshi Oida, *Körper und Gefühle* in: Der unsichtbare Schauspieler, Berlin, 1998, Seite 98–111.

24 Vgl. die Bemerkungen von Michael A. Meyer, *Jüdische Identität in der Moderne*, Frankfurt am Main, 1992.

25 Edgar Hilsenrath, *Nacht*, Köln, 1978.

26 Ilona Karmel, *Aurelia Katz und die anderen*, Frankfurt am Main / Leipzig, 1997.

27 Vgl. auch Ausführungen zu diesem Thema in: Esther Dischereit, *Denkender weiblicher Torso*. S. 28–45 des vorliegenden Bandes.

28 Cynthia Ozick, *Puttermesser und ihr Golem*, München, 1987.

29 Else Lasker-Schüler, *Arthur Aronymus*, Frankfurt am Main, 1989.

30 Heinrich Heine, *Der Rabbi von Bacherach* in Pessah-Buch 5706–1946, Zum ersten Freiheits- und Frühlingsfest der Überreste Israels in Europa, hrsg. Israel Blumenfeld »The Jewish Review«, Marburg/Lahn, 1946.

31 Esther Dischereit, *Auguststraße 14/16* siehe Seite 73–78 des vorliegenden Bandes.

32 Peter Gay, *Meine deutsche Frage. Jugend in Berlin 1933–1939*, München, 1999.

33 Esther Dischereit, *Christoph Dohm*, (unveröffentl. Stück für Text, Bewegung und Musik); gleichnamiges Fragment für Orgel und Sopran, Komponist Udo Agnesens, UA, Berlin, 1997.

34 vgl. Esther Dischereit, *Anschriften*, Hörstück, (Regie: U. Gerhardt) Ursendung DeutschlandRadio Berlin, 1999.

35 Esther Dischereit, *Merryn*, Frankfurt am Main, 1992, Seite 117.

36 Ernest G. Heppner, *Fluchtort Shanghai. Erinnerungen 1938–1948*, Bonn 1998, S. 65 in: Peter Gay, Meine deutsche Frage. Jugend in Berlin 1933–1939, München, 1999, Seite 82.

37 Siehe auch *Fremdkörper Fremde Körper.* Von unvermeidlichen Kontakten und widerstreitenden Gefühlen, hrsg. von Annemarie Hürlimann, Martin Roth, Klaus Vogel – Katalog zur Ausstellung des Deutschen Hygiene-Museums vom 6. Oktober 1999 bis 27. Februar 2000, Ostfildern-Ruit, 1999.

38 Esther Dischereit, *Ich ziehe mir die Farben aus der Haut*, Hörstück, (Regie: Ch. Ohaus) Ursendung Saarländischer Rundfunk 1992, Textabdruck (unvollst.) in: Die Palette 9. Jahrgang Nr. 18, Seite 53–71.

39 Esther Dischereit, *Der Scherenschleifer*, Hörstück, (Regie: H. von Cramer) Ursendung Saarländischer Rundfunk, 1997.

40 *Ein Zeichen setzen gegen den »schäbigen Kleinmut«* in Tagesspiegel Nr. 16907 vom 17. 12. 1999